RISTORANTE
Napoli, un bel sorriso dalla Lettonia
CON RAVANELLI BOKSIC E ZOLA
L'ITALIA TORNA REGINA D'EUROPA

Herausgeber: Polyglott-Redaktion
Bearbeitung: Angela Bernd
Deutsches Grundmanuskript: Elisabeth Graf-Riemann
Lektorat: Sabine von Loeffelholz
Art Direction: Illustration & Graphik Forster GmbH, Hamburg
Titeldesign-Konzept: V. Barl

Ergänzende Anregungen, für die wir jederzeit dankbar sind,
bitten wir zu richten an:
Polyglott-Verlag, Redaktion, Postfach 40 11 20, D-80711 München.
E-Mail: redaktion@polyglott.de oder PolyRed@AOL.com.

**Surfen online mit Polyglott: http://www.polyglott.de
und bei AOL unter dem Kennwort „Polyglott".**

Alle Angaben wurden sorgfältig geprüft. Dennoch kann eine Gewähr
für Vollständigkeit und Richtigkeit nicht übernommen werden.

2. Auflage 1998/99

Printed in Germany
Gedruckt auf chlorfrei gebleichtem Papier
ISBN 3-493-61153-6

Polyglott-Sprachführer

Italienisch

Polyglott-Verlag München

Inhalt

Einführung

Über das Buch

Polyglott-Sprachführer sind perfekte Begleiter neben dem Reiseführer, denn sie orientieren sich an realistischen, alltäglichen Situationen von Reisenden, die der fremden Sprache nicht kundig sind.

Die Sätze und Redewendungen, die Ihnen eine rasche und unproblematische Verständigung in Ihrem Reiseland ermöglichen, sind bewußt einfach gehalten. Sie finden keine komplizierten Satzkonstruktionen oder zu lange Wortlisten. Fast alle Sätze sind aus einfachen Textbausteinen zusammengestellt, die Ihnen ein leichtes und schnelles Auswechseln von Satzteilen in verschiedenen Gesprächssituationen ermöglichen.

Die Wortlisten am Ende jedes Hauptkapitels sind themenbezogen und helfen Ihnen, Sätze je nach Bedarf weiter zu variieren. So werden Sie sich mit einem minimalen Wortschatz ohne langes Suchen schnell in der fremden Sprache zurechtfinden. Damit Sie auch verstehen, was andere Ihnen in alltäglichen Kontaktsituationen (beim Arzt, an der Grenze etc.) mitteilen, haben wir häufig wiederkehrende fremdsprachige Redewendungen oder Fragen mit einem * gekennzeichnet.

Eine vereinfachte, am Deutschen orientierte Lautschrift ermöglicht Ihnen die korrekte und verständliche Aussprache der Sprache Ihres Gastlandes. Nachfolgend finden Sie eine kurze Erläuterung dazu, ebenso eine kurze Grammatikübersicht.

Daran anschließend sind in neun Hauptkapiteln Satzbeispiele aus allgemeinen und reisetypischen Bereichen zusammengestellt. Nicht nur im Kapitel *Praktische Hinweise,* sondern über alle Seiten des Sprachführers verteilt finden Sie außerdem Tips und Informationen zu den Besonderheiten Ihres Reiselandes wie spezielle Essenszeiten, Öffnungszeiten von Banken und Läden, Feiertage, Öffentliche Verkehrsmittel und vieles Interessante und Nützliche.

Ein ausführliches zweisprachiges Wörterverzeichnis Deutsch–Italienisch, das Sie als Reisewörterbuch und zugleich als Register benutzen können, steht am Ende des Bandes. Die angegebenen Seitenzahlen führen Sie direkt in den entsprechenden Textteil. Das Wörterverzeichnis Italienisch–Deutsch enthält die wichtigsten Wörter und Abkürzungen, denen Sie in Aufschriften, auf Schildern und Hinweistafeln begegnen.

Wir wünschen Ihnen viel Vergnügen auf Ihrer Reise: Buon viaggio! [bu**on** wj**a**dseho] *(Gute Reise!)*

Aussprache

Um Ihnen eine möglichst korrekte und damit auch verständliche Aussprache des Italienischen zu ermöglichen, haben wir uns für eine sehr vereinfachte Lautsprache entschieden, die fast ohne Sonderzeichen auskommt. Die Betonung der Wörter können Sie sofort am Fettdruck der entsprechenden Silbe erkennen: momento [mo**men**to] *(Moment);* tavolo [**ta**wolo] *(Tisch).*

Die in diesem Band verwendeten Buchstabenverbindungen in der Lautschrift können Sie so aussprechen, wie Sie es vom Deutschen her gewohnt sind. Das einzige Sonderzeichen ist **dseh** für das italienische gi oder ggi, das wie ein weiches *dsch* in Dschungel gesprochen wird.

- **c** und cc werden im Italienischen vor den Vokalen a, o und u als k gesprochen: camera [**ka**mera] *(Zimmer);* coda [**ko**da] *(Stau);* vor e und i als tsch: cinque [**tschin**kwe] *(fünf);* centro [**tschen**tro] *(Zentrum).*

- **ch** und **cch** werden wie k gesprochen: che [ke] *(was);* chiesa [**kje**sa] *(Kirche).*
- **ci** und **cci** spricht man vor a, o und u wie tsch: ciao [**tscha**o] *(hallo);* cioccolata [tschokko**la**ta] *(Schokolade).*
- **g** klingt vor a, o und u wie g: ragazza [ra**ga**zza] *(Mädchen);* folgt ein e oder i, wird das g wie dsch im deutschen Wort Dschungel gesprochen: gente [**ds~~ch~~en**te] *(Leute);* oggi [**o**ds~~ch~~i] *(heute).*
- **gh** wird immer wie g gesprochen: funghi [**fun**gi] *(Pilze).*
- **gi** oder **ggi** werden wie dsch gesprochen: mangiare [man**ds~~ch~~a**re] *(essen);* oggi [**o**ds~~ch~~i] *(heute).*
- **gl** klingt wie lj: figla [**fil**ja] *(Tochter);* moglie [**mo**lje] *(Ehefrau).*
- **gn** klingt wie nj: signora [si**njo**ra] *(Frau);* montagna [mon**ta**nja] *(Gebirge).*
- Das **h** bleibt immer stumm: hai [**ai**] *(du hast);* hotel [o**tel**] *(Hotel).*
- **qu** klingt wie kw: acqua [**a**kwa] *(Wasser);* quando [**kwan**do] *(wann).*
- Das **r** wird gerollt: rosso [**ro**sso] *(rot).*
- **sc** wird vor a, o und u wie sk gesprochen: scusa [**sku**sa] *(Entschuldigung);* vor e und i dagegen wie sch: uscita [u**schi**ta] *(Ausgang).*
- geschriebenes **sch** klingt immer wie sk: pesche [**pe**ske] *(Pfirsische);* Ischia [**is**kia] *(Ischia).*
- **sci** klingt vor a, o und u wie sch: lasciare [la**scha**re] *(lassen).*
- **v** wird stets wie ein deutsches w gesprochen: vacanze [wa**kan**ze] *(Urlaub).*

Doppelkonsonanten sind deutlich hörbar: difficile [di**ffi**tschile] *(schwierig);* pezzo [**pe**zzo] *(Stück).*

Bei Doppelvokalen oder Verbindungen von mehreren Vokalen ist in der Regel jeder Vokal hörbar: paese [pa**e**se] *(Land);* europeo [äuro**peo**] *(europäisch);* cucchiaino [kukkja**i**no] *(Löffel).* Dabei klingt das i vor betonten Vokalen oder zwischen zwei Vokalen wie j: escursione [eskur**sjo**ne] *(Ausflug);* lieve [**lje**we] *(leicht).*

Betonung und Akzent

In der Regel werden Wörter, die auf Vokal enden, auf der vorletzten Silbe betont: Buon giorno [bu**on** **ds~~ch~~or**no] *(Guten Morgen./Guten Tag.);* turismo [tu**ris**mo] *(Tourismus);* escursione [eskur**sjo**ne] *(Ausflug).*

Alle Abweichungen von dieser Regel sind mit Akzent gekennzeichnet: perchè [per**kä**] *(warum);* lui può [**lui** pu**o**] *(er kann);* nazionalità [nazjonali**ta**] *(Staatsangehörigkeit);* libertà [liber**ta**] *(Freiheit).*

Das italienische Alphabet

A a	[a]
B b	[bi]
C c	[tschi]
D d	[di]
E e	[e]
F f	[äffe]
G g	[ds~~ch~~i]
H h	[akka]
I i	[i]
J j	[i **lun**go]
K k	[**ka**ppa]
L l	[älle]
M m	[ämme]
N n	[änne]
O o	[o]
P p	[pi]
Q q	[ku]
R r	[ärre]
S s	[ässe]
T t	[ti]
U u	[u]
V v	[wu]
W w	[wu **do**ppjo]
X x	[ix]
Y y	[ipsilon]
Z z	[**ze**ta]

Kurzgrammatik

Artikel

Im Italienischen gibt es nur Femininum *(f)* und Maskulinum *(m)*, kein Neutrum.

Bestimmter Artikel

Einzahl männlich: **il** und **lo.** Lo wird vor Hauptwörtern, die mit einem Vokal beginnen, apostrophiert:

il pane [il **pa**ne] *(das Brot);* lo sportello [lo spor**te**llo] *(der Schalter);* l'occhio [**lok**kjo] *(das Auge).*

Mehrzahl männlich: **i** und **gli**
i pani [i **pa**ni] *(die Brote);* gli occhi [lji **ok**ki] *(die Augen).*

Einzahl weiblich: **la**
la casa [la **ka**sa] *(das Haus);* la scuola [la **skuo**la] *(die Schule).*

Mehrzahl weiblich: **le**
le case [le **ka**se] *(die Häuser);* le scuole [le **skuo**le] *(die Schulen).*

Unbestimmter Artikel

Einzahl männlich: **un** und **uno**
un libro [un **li**bro] *(ein Buch);* uno stivale [uno sti**wa**le] *(ein Stiefel).*

Die *Mehrzahl* des unbestimmten Artikels wird mit dem Teilungsartikel di und dem bestimmten Artikel im Plural gebildet **dei (di+i), degli (di+gli):**
dei libri [**de**i **li**bri] *(Bücher);* degli stivali [**de**lji sti**wa**li] *(Stiefel).*

Einzahl weiblich: **una**
una casa [una **ka**sa] *(ein Haus);* una barca [una **bar**ka] *(ein Boot).*

Mehrzahl weiblich: **delle (di+le)**
delle case [**de**lle **ka**se] *(Häuser);* delle barche [**de**lle **bar**ke] *(Boote).*

Substantive

Das Geschlecht der Hauptwörter im Italienischen ist in der Mehrzahl der Fälle an der Endung ablesbar: männliche Substantive enden zumeist auf **-o:** il libro [il **li**bro] *(das Buch),* weibliche auf **-a:** la casa [la **ka**sa] *(das Haus).*

Von dieser Regel gibt es einige Ausnahmen, z.B. il telegramma [il tele**gra**mma] *(das Telegramm);* il problema [il pro**ble**ma] *(das Problem).*

Hauptwörter, die auf **-i** enden, sind immer weiblich.

Substantive mit der Endung auf **-e** können weiblich oder männlich sein: la madre [la **ma**dre] *(die Mutter);* il padre [il **pa**dre] *(der Vater).*

Mehrzahlbildung

Substantive, die auf **-a** enden, bilden den Plural auf **-e:** la mela [la **me**la] *(der Apfel)* – le mele [le **me**le] *(die Äpfel).*

Substantive auf **-o** bilden den Plural auf **-i:** il libro [il **li**bro] *(das Buch)* – i libri [i **li**bri] *(die Bücher).*

Adjektive

Die meisten Adjektive enden wie die Hauptwörter auf **-o** und bilden eine weibliche Form dazu auf **-a;** Plural **-i/-e:** buono/buona [**buo**no/**buo**na] *(gut);* caro/cara [**ka**ro/**ka**ra] *(teuer).*

Il vino buono [il **wi**no **buo**no] *(der gute Wein),* i vini buoni [i **wi**ni **buo**ni] *(die guten Weine);* la casa bella [la **ka**sa **bä**lla] *(das schöne Haus),* le case belle [le **ka**se **bä**lle] *(die schönen Häuser).*

Das Adjektiv bezieht sich in Geschlecht und Zahl immer auf das Hauptwort, auch, wenn es nicht unmittelbar beim Hauptwort steht: un libro bello [un **li**bro **bä**llo] *(ein schönes Buch);* Il libro è bello. [il **li**bro ä **bä**llo] *(Das Buch ist schön.)*

Adjektive, die auf **-e** enden, bilden meist auch keine eigene weibliche

Form: grande [**gran**de] *(groß);* verde [**wer**de] *(grün).*

Stellung des Adjektivs

In der Regel steht das Eigenschaftswort nach dem Hauptwort: la casa grande [la **ka**sa grande] *(das große Haus);* la città bella [la tschi**tta bä**lla] *(die schöne Stadt).*

Manche Adjektive wie molto [**mol**to] (viel), poco [**po**ko] *(wenig)* oder buono [bu**o**no] *(gut)* können auch vor dem Hauptwort stehen: Buon viaggio! [bu**on wja**d~~seh~~o] *(Gute Reise!).*

Steigerung des Adjektivs

Adjektive werden durch Voranstellen von **più** *(mehr)* gesteigert: caro [**ka**ro] *(teuer),* più caro [pju **ka**ro] *(teurer).* Im Superlativ kommt der bestimmte Artikel dazu: il più caro [il pju **ka**ro] *(der teuerste).* Vergleiche werden mit **di** gebildet: più caro di ... [pju **ka**ro di] *(teurer als ...).*

Unregelmäßig werden gesteigert: buono – migliore – ottimo [bu**o**no – mil**jo**re – **o**ttimo] *(gut – besser – am besten);* cattivo – peggiore – pessimo [ka**tti**wo – pe**d~~seh~~o**re – **pe**ssimo] *(schlecht – schlechter – am schlechtesten).*

Eine andere Form des Superlativs wird mit der Endung **-issimo** gebildet: bellissimo [bä**lli**ssimo] *(sehr schön);* carissimo [ka**ri**ssimo] *(sehr teuer).*

Adverbien

Das Adverb wird in der Regel aus der weiblichen Form des Adjektivs durch Anhängen von **-mente** gebildet: chiaro/chiara [**kja**ro/**kja**ra] – chiaramente [kjara**men**te] *(klar);* Chiaramente vengo domani da te. [kjara**men**te **wen**go domani da te] *(Klar komme ich morgen zu Dir.)*

Unregelmäßige Adverbien sind: bene [**be**ne] *(gut),* male [**ma**le] *(schlecht):* Tutto bene. [**tu**tto **be**ne] *(Alles in Ordnung.);* Dove fa male? [**do**we fa **ma**le] *(Wo tut es weh?)*

Pronomen

Subjektpronomen

io [**io**] *(ich)*
tu [tu] *(du)*
lui [**lu**i] *(er);* lei [**lä**i] *(sie);* Lei [**lä**i] *(Sie)*
noi [**no**i] *(wir)*
voi [**wo**i] *(ihr)*
loro [**lo**ro] *(sie);* Loro [**lo**ro] *(Sie).*

Objektpronomen

mi [mi] *(mir/mich)*
ti [ti] *(dir/dich)*
gli [lji] *(ihm);* le [le] *(ihr);*
Le [le] *(Ihnen)*
lo [lo] *(ihn);* la [la] *(sie);* La [la] *(Sie)*
ci [tschi] *(uns)*
vi [wi] *(euch)*
gli [lji] *(ihnen);* Loro [**lo**ro] *(Ihnen)*
li [li] *(sie [m]);* le [le] *(sie [f]; Sie)*
Li [li] *(Sie [m]);* Le [le] *(Sie [f])*

Possessivpronomen

mio/mia [**mi**o/**mi**a] *(mein/meine)*
tuo/tua [**tu**o/**tu**a] *(dein/deine)*
suo/sua [**su**o/**su**a] *(sein/seine; ihr/ihre; Ihr/Ihre)*
nostro/nostra [**no**stro/**no**stra] *(unser/unsere)*
vostro/vostra [**wo**stro/**wo**stra] *(euer/eure)*
loro [**lo**ro] *(ihr/ihre);*
Loro [**lo**ro] *(Ihr/Ihre).*

Das Possessivpronomen wird sowohl mit dem bestimmten, als auch mit dem unbestimmten Artikel verwendet: la mia casa [la **mi**a **ka**sa] *(mein Haus);* una mia amica [**u**na **mi**a a**mi**ka] *(eine meiner Freundinnen).*

Besondere Wendungen: a casa mia [a **ka**sa **mi**a] *(bei mir [zu Hause]; zu mir [nach Hause];* a casa nostra [a **ka**sa **no**stra] *(bei uns [zu Hause]; zu uns [nach Hause)].*

Demonstrativpronomen

questo [**kwe**sto] *(m/Sing) (der hier, das hier)* – questi [**kwe**sti] *(Pl) (die hier);* questa [**kwe**sta] *(f/Sing) (die hier)* – queste [**kwe**ste] *(Pl) (die hier)* quello [**kwe**llo] *(m/Sing) (jenes da, das da)* – quelli [**kwe**lli] *(Pl) (jene)*; quella [**kwe**lla] *(f/Sing) (jene da)* – quelle [**kwe**lle] *(Pl) (jene)*.

Questo und quello, können auch ohne Hauptwort stehen: Cosa è questo? [**ko**sa ä **kwes**to] *(Was ist das?)*.

Präpositionen

di [di] *(von, aus)*
a [a] *(zu, um, nach)*
da [da] *(von, aus, zu, bei)*
in [in] *(in, zu, auf)*
con [kon] *(mit, durch, bei)*
su [su] *(auf, über)*

Die Präpositionen **di, a, da, in** und **su** werden mit dem bestimmten Artikel zusammengezogen:
di+il = del [del]
di+lo = dello [**de**llo]
di+la = della [**de**lla]
di+i = dei [**de**i]
di+gli = degli [**de**lji]
di+le = delle [**de**lle]

Entsprechend gibt es die Formen al (a+il) [al], allo (a+lo) [**a**llo], ai (a+i) [**a**i], dal (da+il) [dal], nel (in+il) [nel] und sul (su+il) [sul] etc.: Penso alle ferie. [**pen**so **a**lle **fe**rje] *(Ich denke an die Ferien.)*; sul tavolo [sul **ta**wolo] *(auf dem Tisch)*.

Verben

Es gibt drei Gruppen von regelmäßigen Verben. Sie enden auf **-are, -ere** oder **-ire.** In der Regel werden die Pronomen weggelassen, da die Person aus der Endung des Verbs hervorgeht.

Präsens

avere [a**we**re] *(haben):*
io ho [io o] *(ich habe)*
tu hai [tu **a**i] *(du hast)*
lui ha [**lu**i a] *(er hat)*
lei ha [**lä**i a] *(sie hat)*
Lei ha [**lä**i a] *(Sie haben)*
noi abbiamo [**no**i a**bbja**mo] *(wir haben)*
voi avete [**wo**i a**we**te] *(ihr habt)*
loro hanno [**lo**ro **a**nno] *(sie haben)*
Loro hanno [**lo**ro **a**nno] *(Sie haben)*

essere [**e**ssere] *(sein):*
io sono [**i**o **so**no] *(ich bin)*
tu sei [tu **sä**i] *(du bist)*
lui è [**lu**i ä] *(er ist)*
lei è [**lä**i ä] *(sie ist)*
Lei è [**lä**i ä] *(Sie sind)*
noi siamo [**no**i **sja**mo] *(wir sind)*
voi siete [**wo**i **sje**te] *(ihr seid)*
loro sono [**lo**ro **so**no] *(sie sind)*
Loro sono [**lo**ro **so**no] *(Sie sind)*

andare [an**da**re] *(gehen):*
io vado [io **wa**do] *(ich gehe)*
tu vai [tu **wa**i] *(du gehst)*
lui va [**lu**i wa] *(er geht)*
lei va [**lä**i wa] *(sie geht)*
Lei va [**lä**i wa] *(Sie gehen)*
noi andiamo [**no**i an**dja**mo] *(wir gehen)*
voi andate [**wo**i an**da**te] *(ihr geht)*
loro vanno [**lo**ro **wa**nno] *(sie gehen)*
Loro vanno [**lo**ro **wa**nno] *(Sie gehen)*

arrivare [arri**wa**re] *(ankommen):*
io arrivo [io a**rri**wo] *(ich komme an)*
tu arrivi [tu a**rri**wi] *(du kommst an)*
lui arriva [**lu**i a**rri**wa] *(er kommt an)*
lei arriva [**lä**i a**rri**wa] *(sie kommt an)*
Lei arriva [**lä**i a**rri**wa] *(Sie kommen an)*
noi arriviamo [**no**i arri**wja**mo] *(wir kommen an)*
voi arrivate [**wo**i arri**wa**te] *(ihr kommt an)*
loro arrivano [**lo**ro a**rri**wano] *(sie kommen an)*
Loro arrivano [**lo**ro a**rri**wano] *(Sie kommen an)*

fare [**fa**re] *(machen):*
io faccio [io **fa**tscho] *(ich mache)*
tu fai [tu **fa**i] *(du machst)*
lui fa [**lu**i fa] *(er macht)*
lei fa [**lä**i fa] *(sie macht)*
Lei fa [**lä**i fa] *(Sie machen)*
noi facciamo [**no**i fa**tscha**mo] *(wir machen)*
voi fate [**wo**i **fa**te] *(ihr macht)*
loro fanno [**lo**ro **fa**nno] *(sie machen)*
Loro fanno [**lo**ro **fa**nno] *(Sie machen)*

potere [po**te**re] *(können):*
io posso [io **po**sso] *(ich kann)*
tu puoi [tu **puo**i] *(du kannst)*
lui può [**lu**i **puo**] *(er kann)*
lei può [**lä**i **puo**] *(sie kann)*
Lei può [**lä**i **puo**] *(Sie können)*

noi possiamo [**no**i po**ssja**mo] *(wir können)*
voi potete [**wo**i po**te**te] *(ihr könnt)*
loro possono [**lo**ro **po**ssono] *(sie können)*
Loro possono [**lo**ro **po**ssono] *(Sie können)*

restare [re**sta**re] *(bleiben):*
io resto [**io re**sto] *(ich bleibe)*
tu resti [tu **re**sti] *(du bleibst)*
lui resta [**lui re**sta] *(er bleibt)*
lei resta [**läi re**sta] *(sie bleibt)*
Lei resta [**läi re**sta] *(Sie bleiben)*
noi restiamo [**no**i re**stja**mo] *(wir bleiben)*
voi restate [**wo**i re**sta**te] *(ihr bleibt)*
loro restano [**lo**ro **re**stano] *(sie bleiben)*
Loro restano [**lo**ro **re**stano] *(Sie bleiben)*

venire [we**ni**re] *(kommen):*
io vengo [**io wen**go] *(ich komme)*
tu vieni [tu **wje**ni] *(du kommst)*
lui viene [**lui wje**ne] *(er kommt)*
lei viene [**läi wje**ne] *(sie kommt)*
Lei viene [**läi wje**ne] *(Sie kommen)*
noi veniamo [**no**i wen**ja**mo] *(wir kommen)*
voi venite [**wo**i we**ni**te] *(ihr kommt)*
loro vengono [**lo**ro **wen**gono] *(sie kommen)*
Loro vengono [**lo**ro **wen**gono] *(Sie kommen)*

volere [wo**le**re] *(wollen):*
io voglio [**io wo**ljo] *(ich will)*
tu vuoi [tu wu**o**i] *(du willst)*
lui vuole [**lui** wu**o**le] *(er will)*
lei vuole [**läi** wu**o**le] *(sie will)*
Lei vuole [**läi** wu**o**le] *(Sie wollen)*
noi vogliamo [noi wol**ja**mo] *(wir wollen)*
voi volete [**wo**i wo**le**te] *(ihr wollt)*
loro vogliono [**lo**ro **wo**ljono] *(sie wollen)*
Loro vogliono [**lo**ro **wo**ljono] *(Sie wollen)*

Perfekt

Das Perfekt wird im Italienischen – wie im Deutschen – mit den Hilfsverben **avere** *(haben)* oder **essere** *(sein)* und der Partizipform des Verbs gebildet:

Io ho avuto [**io** o a**wu**to] *(ich habe gehabt)*
tu hai avuto [tu **a**i a**wu**to] *(du hast gehabt)*
lui ha avuto [**lui** a a**wu**to] *(er hat gehabt)*
lei ha avuto [**läi** a a**wu**to] *(sie hat gehabt)*
Lei ha avuto [**läi** a a**wu**to] *(Sie haben gehabt)*
noi abbiamo avuto [**no**i a**bbja**mo a**wu**to] *(wir haben gehabt)*
voi avete avùto [**wo**i a**we**te a**wu**to] *(ihr habt gehabt)*
loro hanno avuto [**lo**ro **a**nno a**wu**to] *(sie haben gehabt)*
Loro hanno avuto [**lo**ro **a**nno a**wu**to] *(Sie haben gehabt)*

io sono stato *(m)*/stata *(f)* [**io so**no **sta**to/**sta**ta] *(ich bin gewesen)*
tu sei stato *(m)*/stata *(f)* [tu **sei sta**to/**sta**ta] *(du bist gewesen)*
lui è stato [**lui** ä **sta**to] *(er ist gewesen)*
lei è stata [**läi** ä **sta**ta] *(sie ist gewesen)*
Lei è stato *(m)*/stata *(f)* [**läi** ä **sta**to/**sta**ta] *(Sie sind gewesen)*
noi siamo stati *(m)*/state *(f)* [**noi sja**mo **sta**ti/**sta**te] *(wir sind gewesen)*
voi siete stati *(m)*/state *(f)* [**woi sje**te **sta**ti/**sta**te] *(ihr seid gewesen)*
loro sono stati *(m)*/state *(f)* [**lo**ro **so**no **sta**ti/**sta**te] *(sie sind gewesen)*
Loro sono stati *m)*/state *(f)* [**lo**ro **so**no **sta**ti/**sta**te] *(Sie sind gewesen)*

Verneinung

Die Verneinung **non** steht immer vor dem Verb: Non parlo italiano. [non **par**lo ital**ja**no] *(Ich spreche nicht Italienisch.)*. Non abbiamo ancora mangiato. [non a**bbja**mo an**ko**ra man**dseha**to] *(Wir haben noch nicht gegessen.)*

Niente *(nichts)* und **mai** *(nie)* verlangen im Italienischen eine doppelte Verneinung: Non mangio niente. [non **mandseho njen**te] *(Ich esse nichts.)*

Zwei aufmerksame Beobachter auf der Piazza

Allgemeines

Begrüßung und Verabschiedung

Guten Morgen./Guten Tag. — Buon giorno. [bu**on** **dseho**rno]
Guten Abend. — Buona sera. [bu**o**na **se**ra]
Gute Nacht. — Buona notte. [bu**o**na **no**tte]
Hallo! — Ciao! [**tscha**o]

Wie geht's? — Come va? [**ko**me wa]
Wie geht es Ihnen?/Wie geht es Dir? — Come sta?/Come stai? [**ko**me sta/**ko**me stai]

* Bene, grazie. [**be**ne **gra**zje] — Danke, gut.

Und Ihnen?/Und Dir? — E Lei?/E tu? [e **läi**/e tu]

Auf Wiedersehen. — Arrivederci. [arriwe**der**tschi]
Tschüß! — Ciao! [**tscha**o]
Bis bald. — A fra poco. [a fra **po**co]
Bis morgen. — A domani. [a do**ma**ni]
Grüße an die Familie. — Saluti alla famiglia. [sa**lu**ti **a**lla fa**mi**lja]
Vielen Dank für alles. — Grazie di tutto. [**gra**zje di **tu**tto]
Es hat uns sehr gefallen. — Ci è piaciuto molto. [tchi ä pia**tschu**to **mol**to]

* Buon viaggio! [bu**on** **wja**dseho] — Gute Reise!

Anrede und Vorstellung

Herr/Frau/Fräulein … — Signore/Signora/Signorina … [si**njo**re/si**njo**ra/sinjo**ri**na]

Wie heißen Sie?/Wie heißt Du? — Come Si chiama?/Come ti chiami? [**ko**me si **kja**ma/**ko**me ti **kja**mi]

Ich heiße ...	Mi chiamo ... [mi **kja**mo]
Das ist/Das sind	**Questo è/Questa è/Questi sono** [**kwes**to ä/**kwes**ta ä/**kwes**ti **so**no]
mein Mann/mein Freund	mio marito/il mio amico [**mi**o ma**ri**to/il **mi**o a**mi**ko]
meine Frau/meine Freundin	mia moglie/la mia amica [**mi**a **mo**lje/la **mi**a a**mi**ka]
mein Sohn/meine Tochter	mio figlio/mia figlia [**mi**o **fi**ljo/**mi**a **fi**lja]
meine Kinder.	i miei figli. [i **mjei** **fi**lji]
Angenehm./Sehr erfreut.	Piacere./Molto lieto. [pja**tsche**re/**mol**to l**je**to]
Gleichfalls.	Altrettanto. [altre**ttan**to]
Woher kommst Du?/ Woher kommen Sie?	Di dove sei?/Di dov'è? [di **do**we **säi**/di do**wä**]
Ich bin	**Io sono** [io **so**no]
aus Deutschland	tedesco/-a [te**des**ko/-a]
aus Österreich	austriaco/-a [aus**tri**ako/-a]
aus der Schweiz.	svizzero/-a. [**swi**zzero/-a]
Wir wohnen in .../ im Hotel ...	Noi abitiamo a .../in hotel ... [**no**i abi**tja**mo a/in o**tel**]

Verständigung

Sprechen Sie/Sprichst Du Deutsch/Englisch?	Lei parla/Tu parli tedesco/inglese? [**läi** **par**la/tu **par**li te**des**ko/in**gle**se]
Wie heißt das?	Come si chiama questo? [**ko**me si **kja**ma **kwes**to]
Wie bitte?	Come prego? [**ko**me **prä**go]
Was bedeutet das?	Cosa significa questo? [**ko**sa si**nji**fika **kwes**to]
Haben Sie/Hast Du verstanden?	Ha/Hai capito? [a/**ai** ka**pi**to]
Ich verstehe nicht.	Io non capisco. [**i**o non ka**pis**ko]
Langsamer bitte!	Prego lentamente! [**prä**go lenta**men**te]
Bitte nochmal!	Prego un'altra volta! [**prä**go u**nal**tra **wol**ta]
Können Sie/Kannst Du	**Può/Puoi** [pu**o**/pu**oi**]
mir das aufschreiben	scrivermelo [**skri**wermelo]
mir das erklären/übersetzen?	chiarire/tradurre? [kja**ri**re/tra**du**rre]

Höflichkeitsfloskeln

Bitte.	Prego. [**prä**go]
Danke./Vielen Dank.	Grazie./Molte grazie. [**gra**zje/**mol**te **gra**zje]
Danke, gleichfalls.	Grazie, altrettanto. [**gra**zje altre**ttan**to]
Danke für die Hilfe.	Grazie per l'aiuto. [**gra**zje per la**ju**to]
* Prego./Non c'è di che. [**prä**go/non tschä di ke]	Bitte./Keine Ursache.
Entschuldige./ Entschuldigen Sie.	Scusa (tu)./Scusi (lei). [**sku**sa (tu)/**sku**si (läi)]

* Non fa niente. [non fa **nje**nte]	Das macht nichts.
Einen Augenblick, bitte!	Un momento, prego! [un mo**men**to **prä**go]
Das ist sehr nett von Ihnen/Dir.	È molto gentile da parte Sua/tua. [ä **mol**to dschẽn**ti**le da **par**te **su**a/**tu**a]
Das tut mir leid.	Mi dispiace. [mi dis**pja**tsche]
Das ist schade.	Peccato. [pe**kka**to]
Herzlich willkommen!	Un cordiale benvenuto! [un kor**dja**le benwe**nu**to]
Herzlichen Glückwunsch!	Cordiali auguri! [kor**dja**li au**gu**ri]
Alles Gute (zum Geburtstag)!	Auguri (per il compleanno)! [au**gu**ri (per il komple**an**no)]
Viel Spaß!/Viel Vergnügen!	Buon divertimento! [bu**on** diverti**men**to]
Gute Besserung!	Buona guarigione! [bu**o**na guari**dscho**ne]
Viel Erfolg!	Molto successo! [**mol**to su**tsche**sso]
Schönen Tag!	Una bella giornata! [**u**na **be**lla dschor**na**ta]
Gute Reise!	Buon viaggio! [bu**on** **wja**dscho]
Schöne Ferien!	Buone vacanze! [bu**o**ne wa**kan**ze]
Frohe Weihnachten!	Buon Natale! [bu**on** na**ta**le]
Frohe Ostern!	Buona Pasqua! [bu**o**na **pas**kwa]
Ein frohes Neues Jahr!	Felice Anno nuovo! [fe**li**tsche **an**no nu**o**vo]

Sich kennenlernen

Darf ich mich zu Ihnen/zu Dir setzen?	Posso sedermi con Lei/con te? [**pos**so se**der**mi kon **lä**i/kon te]
Gestatten Sie?	Permette? [per**me**tte]
Sind Sie/Bist Du	**È/Sei** [ä/**sä**i]
alleine unterwegs	solo in giro [**so**lo in **dschi**ro]
mit jemandem unterwegs	con qualcuno in giro [kon kwal**ku**no in **dschi**ro]
verheiratet?	sposato? [spo**sa**to]
Hast Du einen Freund/eine Freundin?	Hai un amico/un amica? [**a**i un a**mi**ko/una**mi**ka]
Wie alt bist Du?	Quanti anni hai? [**kwan**ti **an**ni **a**i]
Ich bin 25 Jahre alt.	Io ho venticinque anni. [io o wenti**tschin**kwe **an**ni]
Was sind Sie/bist Du von Beruf?	Che lavoro fa/fai? [ke la**wo**ro fa/**fa**i]
Ich bin	**Sono** [**so**no]
Schüler(in)	scolaro (scolara) [sko**la**ro (sko**la**ra)]
Student(in)	studente (studentessa) [stu**den**te (studen**tes**sa)]
Angestellte(r).	impiegata (impiegato). [impje**ga**ta (impje**ga**to)]
Möchten Sie etwas trinken?	Vuole bere qualcosa? [wu**o**le **be**re kwal**ko**sa]
Ja, gerne, gute Idee.	Si, volentieri, buona idea. [si wolen**tje**ri bu**o**na i**de**a]
Warum nicht?	Perchè no? [per**kä** no]
Nein, danke.	No grazie. [no **gra**zje]
Vielleicht ein andermal.	Forse un'altra volta. [**for**se un**al**tra **wol**ta]
Vielleicht später.	Forse più tardi. [**for**se pju **tar**di]

Richtig gegrüßt

Buon giorno heißt sowohl „guten Morgen" als auch „guten Tag". Am Nachmittag ab etwa 16 Uhr und am frühen Abend sagt man *buona sera*, zu vorgerückter Stunde dagegen *buona notte*. Salopper klingt ein einfaches *ciao (Hallo!/Tschüß!)*. Die offizielle Verabschiedungsform ist *arrivederci/arrivederla! (Auf Wiedersehen!)*. Die an den Gruß gerne angeschlossene Frage *Come stai/sta? (Wie geht es Dir/Ihnen?)* gehört zum Begrüßungsritual; niemand erwartet von Ihnen eine wahrheitsgemäße Auskunft. Am besten, Sie antworten mit *bene (gut)* oder *molto bene (sehr gut)*.

Gefällt es Ihnen/Dir hier? Mir gefällt es sehr gut.	Le/Ti piace qui. [le/ti **pja**tsche kwi] Mi piace molto. [mi **pja**tsche **mol**to]
Sind Sie/Bist Du zum ersten Mal hier? Nein, ich war schon einmal in …	È/Sei qui per la prima volta? [ä/**sei** kwi per la **pri**ma **wol**ta] No, sono già stato una volta a … [no **so**no d~~sch~~a **sta**to **u**na **wol**ta a]
Kennen Sie/Kennst Du Deutschland? Besuche mich doch einmal./ Besuchen Sie mich doch einmal. Hier ist meine Adresse.	Conosce/Conosci la Germania? [ko**no**sche/ko**no**schi la d~~sch~~er**ma**nja] Vienimi a trovare./Mi venga a trovare. [**wje**nimi a tro**wa**re/mi **wen**ga a tro**wa**re] Questo è il mio indirizzo. [**kwes**to ä il **mi**o indi**riz**zo]
Wie lange sind Sie/bist Du schon hier? Seit einer Woche/zwei Tagen.	Da quanto tempo è/sei già qui? [da **kwan**to **tem**po ä/**säi** d~~sch~~a kwi] Da una settimana/due giorni. [da **u**na setti**ma**na/**due** **d~~sch~~or**ni]
Wie lange bleiben Sie/ bleibst Du noch hier? Noch eine Woche/zwei Tage.	Quanto tempo rimane/rimani ancora qui? [**kwan**to **tem**po ri**ma**ne/ri**ma**ni an**ko**ra kwi] Ancora una settimana/due giorni. [an**ko**ra **u**na setti**ma**na/**due** **d~~sch~~or**ni]
Wollen wir heute/morgen zusammen essen ausgehen ins Kino gehen/ zum Tanzen gehen Sport treiben spielen?	**Vogliamo oggi/domani … insieme?** [wol**ja**mo od~~sch~~i/do**ma**ni … in**sje**me] mangiare [man**d~~sch~~a**re] uscire [u**schi**re] andare a cinema/ballare [an**da**re a **tschi**nema/bal**la**re] fare dello sport [**fa**re **del**lo sport] giocare [d~~sch~~o**ka**re]
Einverstanden, in Ordnung! Nein, ich möchte nicht. Ich kann leider nicht.	D'accordo, va bene! [dak**kor**do wa **be**ne] No, grazie. [no **gra**zje] Mi dispiace non posso. [mi dis**pja**tsche non **pos**so]
Wann/Wo treffen wir uns? Um 7 Uhr vor dem Kino.	Quando/Dove ci incontriamo? [**kwan**do/**do**we tschi inkon**trja**mo] Alle sette davanti al cinema. [**al**le **set**te da**wan**ti al **tschi**nema]

Kann ich	**Posso venire a** [**po**sso we**ni**re a]
Sie/Dich abholen	prenderla/prenderti [**pren**derla/**pren**derti]
Sie/Dich nach Hause bringen	accompagnarla/accompagnarti a casa [akkompa**njar**la/akkompa**njar**ti a **ka**sa]
Sie/Dich zum Bus bringen?	accompagnarla/accompagnarti all'autobus? [akkompa**njar**la/akkompa**njar**ti a**llau**tobus]
Nein, das ist nicht nötig.	No, grazie non è necessario. [no **gra**zje non ä netsche**ssa**rjo]
Es war sehr schön.	È stato molto bello. [ä **sta**to **mol**to **bä**llo]
Wann treffen wir uns wieder?	Quando ci incontriamo di nuovo? [**kwan**do tschi inkon**trja**mo di nu**o**vo]
Das gefällt mir nicht.	Questo non mi piace. [**kwes**to non mi **pja**tsche]
Dazu habe ich keine Lust.	Non ne ho voglia. [non ne o **wo**lja]
Laß mich/Lassen Sie in Ruhe!	Mi lasci/Lasciami in pace! [mi **la**schi/**la**schami in **pa**tsche]
Bitte gehen Sie/geh!	Prego se ne vada/vattene. [**prä**go se ne **wa**da/**wa**ttene]

Fragen

Was ist das?	Cosa è questo? [**ko**sa ä **kwes**to]
Was kostet das?	Quanto costa questo? [**kwan**to **kos**ta **kwes**to]
Wo ist ...?/Gibt es ...?	Dov'è ...?/C'è ...? [do**wä**/tschä]
Wohin fährt ...?	Dove va ...? [**do**we wa]
Wie sagt man?	Come si dice? [**ko**me si **di**tsche]
Wie heißt das?	Come si chiama [**ko**me si **kja**ma]
Wie lange dauert das?	Quanto dura? [**kwan**to **du**ra]
Wann beginnt das Konzert?	Quando comincia il concerto? [**kwan**do ko**min**tscha il kon**tscher**to]
Wieviele Kilometer/Minuten sind es?	Quanti chilometri/minuti sono? [**kwan**ti ki**lo**metri/mi**nu**ti **so**no]
Können Sie	**Può** [pu**o**]
mir helfen	aiutarmi [aju**tar**mi]
mir das zeigen?	mostrarmi questo? [mos**trar**mi **kwes**to]
Kann ich Ihnen helfen?	Posso aiutarla? [**po**sso aju**tar**la]

Fragewörter

Was?	Cosa? [**ko**sa]
Wer?	Chi? [ki]
Welcher?/Welche?/Welches?	Quale? *(Sing)* [**kwa**le]; Quali? *(Pl)* [**kwa**li]
Wo?/Wohin?	Dove? [**do**we]
Wie?	Come? [**ko**me]
Wieviel	Quanto [**kwan**to]
Wieviele	Quanti *(m/Pl)* [**kwan**ti]/Quante *(f/Pl)* [**kwan**te]
Wann?	Quando? [**kwan**do]
Wie lange?	Per quanto tempo? [per **kwan**to **tem**po]
Warum?	Perchè? [per**kä**]
Wofür?	Per cosa? [per **ko**sa]

Coca-Cola
SR 6
4313

Wochentage

Montag lunedì [lune**di**]
Dienstag martedì [marte**di**]
Mittwoch mercoledì [merkole**di**]
Donnerstag giovedì [dsehowe**di**]
Freitag venerdì [wener**di**]
Samstag sabato [**sa**bato]
Sonntag domenica [do**me**nika]

Monate

Januar gennaio [dsehen**na**jo]
Februar febbraio [feb**bra**jo]
März marzo [**mar**zo]
April aprile [a**pri**le]
Mai maggio [**ma**dseho]
Juni giugno [**dsehu**njo]
Juli luglio [**lu**ljo]
August agosto [a**go**sto]
September settembre [set**tem**bre]
Oktober ottobre [ot**to**bre]
November novembre [no**wem**bre]
Dezember dicembre [di**tschem**bre]

Jahreszeiten

Frühling primavera [prima**we**ra]
Sommer estate [e**sta**te]
Herbst autunno [au**tun**no]
Winter inverno [in**wer**no]
Hoch-/Nebensaison alta/fuori stagione [**al**ta/fu**o**ri sta**dseho**ne]

Uhrzeit

Wie spät ist es (genau), bitte?	Che ore sono (di preciso), prego? [ke **o**re **so**no (di pre**tschi**so) **prä**go]
Es ist	**È/Sono** [ä/**so**no]
1 Uhr/2 Uhr	l'una/le due [**lu**na/le **du**e]
Viertel nach 3	le tre e un quarto [le tre e un **kwar**to]
Viertel vor 5	le cinque meno un quarto [le **tschin**kwe **me**no un **kwar**to]
15 Uhr 20	le quindici e venti [le **kwin**ditschi e **wen**ti]
halb 4	le tre e mezza [le tre e **mez**za]
5 Minuten vor 6	le sei meno cinque [le **säi** **me**no **tschin**kwe]
12 Uhr mittags/Mitternacht.	mezzogiorno/mezzanotte. [mezzo**dseho**rno/mezza**no**tte]
Um wieviel Uhr müssen wir da sein?	A che ora dobbiamo essere qui? [a ke **o**ra dob**bja**mo **e**ssere kwi]
Ungefähr/Pünktlich um 12 Uhr.	Più o meno/Puntuale alle dodici. [pju o **me**no/pun**tua**le **al**le **do**ditschi]
Wann gibt es Frühstück/Mittagessen/Abendessen?	Quando c'è colazione/pranzo/cena? [**kwan**do tschä kola**zjo**ne/**pran**zo/**tsche**na]
* Dalle otto alle nove. [**dal**le **ot**to **al**le **no**we]	Von 8 bis 9 Uhr.

Datum

Den wievielten haben wir heute?	Che giorno è oggi? [ke **dseho**rno ä **o**dsehi]
Heute ist der 1./2./15. August.	Oggi è il primo/due/quindici agosto. [**o**dsehi ä il **pri**mo/**du**e/**kwin**ditschi a**go**sto]
Wir kommen am 20. Mai an.	Noi arriviamo il venti maggio. [**noi** arri**wja**mo il **wen**ti **ma**dseho]

Wir bleiben bis 31. August.	Noi rimaniamo fino al trentuno agosto. [**noi** riman**ja**mo **fi**no al tren**tu**no a**gos**to]
Ich bin am 12. Januar (1960) geboren.	Sono nato il dodici gennaio (millenovecentosessanta). [**so**no **na**to il **do**ditschi dsch**enna**jo (millenowetschentose**ssan**ta)]

Zeitangaben

abends	sera [**se**ra]
am Wochenende	a fine settimana [a **fi**ne setti**ma**na]
bis morgen	fino a domani [**fi**no a do**ma**ni]
gestern	ieri [**ie**ri]
heute	oggi [**o**dschi]
heute abend	stasera [sta**se**ra]
in 14 Tagen	fra quindici giorni [fra **kwin**ditschi **dschor**ni]
(dieses/nächstes/voriges/jedes) Jahr	(questo/il prossimo/passato/ogni) anno [(**kwes**to/il **pro**ssimo/pa**ssa**to/**o**nji) **an**no]
jetzt	adesso [a**de**sso]
manchmal	qualche volta [**kwal**ke **wol**ta]
Minute	minuto [mi**nu**to]
mittags	mezzogiorno [mezzo**dschor**no]
morgen	domani [do**ma**ni]
morgens	la mattina [la ma**tti**na]
nachmittags	pomeriggio [pome**ri**dscho]
nachts	notte [**no**tte]
rechtzeitig	per tempo [per **tem**po]
Sekunde	secondo [se**kon**do]
spät/zu spät	tardi/troppo tardi [**tar**di/**tro**ppo **tar**di]
später	più tardi [pju **tar**di]
Stunde	l'ora [**lo**ra]
täglich	giornalmente [dschornal**men**te]
Tag	giorno [**dschor**no]
übermorgen	dopodomani [dopodo**ma**ni]
vor (2 Tagen)	(due giorni) fa [(**due dschor**ni) fa]
vorgestern	l'altro ieri [**lal**tro **ie**ri]
vorher	prima [**pri**ma]
vormittags	prima di mezzogiorno [**pri**ma di mezzo**dschor**no]
Woche	settimana [setti**ma**na]
zur Zeit	al momento [al mo**men**to]

Maßeinheiten

cm/m/km	centimetro/metro/chilometro [tschen**ti**metro/**me**tro/ki**lo**metro]
m^2/km^2/ha	metro quadrato/chilometro quadrato/ettaro [**me**tro kwa**dra**to/ki**lo**metro kwa**dra**to/**e**ttaro]
m^3	metro cubo [**me**tro **ku**bo]
km/h	chilometri orari [ki**lo**metri o**ra**ri]
(1/4) Liter	un (quarto) litro [un (**kwar**to) **li**tro]
1/2 Liter	mezzo litro [**me**zzo **li**tro]
Gramm/Pfund/Kilo/Tonne	grammo/mezzo chilo/chilo/tonnellata [**gra**mmo/**me**zzo **ki**lo/**ki**lo/tonne**lla**ta]
Sekunde/Minute/Stunde	secondo/minuto/ora [se**kon**do/mi**nu**to/**o**ra]

Tag/Woche/Monat/Jahr	giorno/settimana/mese/anno [dsehorno/settimana/mese/anno]
Dutzend/Paar/Portion	dozzina/paio/porzione [dozzina/pajo/porzjone]

Wetter

Bleibt es so schön/schlecht?	Rimane così bello/brutto? [rimane kosi bällo/brutto]
Was sagt der Wetterbericht?	Cosa dice la previsione del tempo? [kosa ditsche la prewisjone del tempo]
Es wird kälter/wärmer.	Farà freddo/caldo. [fara freddo/kaldo]
Es ist heiß/schwül/stürmisch/neblig.	È caldo/afoso/tempestoso/nebbioso. [ä kaldo/afoso/tempestoso/nebbjoso]
Es ist windig.	C'è vento. [tschä wento]
Heute/Morgen soll es regnen/schneien.	Oggi/Domani dovrebbe piovere/nevicare. [odsehi/domani dowrebbe pjowere/newikare]
Wie lange regnet es schon?	Da quanto tempo piove già? [da kwanto tempo pjowe dseha]
Wann hört es auf zu regnen?	Quando smette di piovere? [kwando smette di pjowere]
Wieviel Grad haben wir?	Quanti gradi abbiamo? [kwanti gradi abbjamo]
25 Grad (im Schatten).	Venticinque gradi (all'ombra). [wentitschinkwe gradi (allombra)]

Farben

Ich suche eine blaue/schwarze Hose.	Io cerco pantaloni blu/neri. [io tscherko pantaloni blu/neri]
Haben Sie dieses Hemd	**Ha questa camicia** [a kwesta kamitscha]
auch in Weiß	anche in bianco [anke in bjanko]
in einer anderen Farbe?	in un altro colore? [in un altro kolore]
Diese Farbe	**Questo colore** [kwesto kolore]
gefällt mir nicht	non mi piace [non mi pjatsche]
ist mir zu hell/zu dunkel.	è troppo chiaro/troppo scuro. [ä troppo kjaro/troppo skuro]

Farben

beige beige [bäseh]
blau blu [blu]
braun marrone [marrone]
bunt colorato/-a [kolorato/-a]
dunkel scuro/-a [skuro/-a]
einfarbig tinta unita [tinta unita]
gelb giallo/-a [dsehallo/-a]
gemustert stampato/-a [stampato/-a]
gestreift rigato/-a [rigato/-a]
grau grigio/-a [gridseho/-a]
grün verde [werde]
hell chiaro/-a [kjaro/-a]
kariert a quadri [a kwadri]
lila lilla [lilla]
pink ciclamino/-a [tschiklamino/-a]
rosa rosa [rosa]
rot rosso/-a [rosso/-a]
schwarz nero/-a [nero/-a]
türkis turchese [turkese]
weiß bianco/-a [bjanko/-a]

Für den Verkehr wird es manchmal etwas eng in den mittelalterlichen Gassen Italiens

Reisewege und Verkehrsmittel

An der Grenze

* Il Suo passaporto, prego! [il suo passaporto prägo]	Ihren Paß, bitte!
* La Sua patente, prego! [la **su**a pa**ten**te **prä**go]	Ihren Führerschein, bitte!
* I documenti della macchina, prego! [i doku**men**ti **de**lla **ma**kkina **prä**go]	Ihren Fahrzeugschein, bitte!
* Lei dove è diretto? [**läi do**we ä di**re**tto]	Wohin fahren Sie?
Ich fahre/Wir fahren nach ...	Io vado/Noi andiamo a ... [io **wa**do/**no**i an**dja**mo a]
Ich bin	**Io sono** [io **so**no]
Tourist(in)	turista [tu**ris**ta]
auf Geschäftsreise.	in viaggio di affari. [in **wja**dscho di a**ffa**ri]
Wieviele ... sind zollfrei?	**Quanti *(m)*/Quante *(f)* ... sono liberi da dogana?** [**kwan**ti/**kwan**te ... **so**no **li**beri da do**ga**na]
Zigaretten	sigarette [siga**re**tte]
Liter Wein/Spirituosen	litri di vino/liquore [**li**tri di **wi**no/li**kwo**re]
* Prego apra il cofano! [**prä**go **a**pra il **ko**fano]	Öffnen Sie bitte den Koffer!
Kann ich mit ... sprechen?	**Posso parlare con** [**po**sso par**la**re kon]
der Deutschen Botschaft	l'Ambasciata Tedesca [lamba**scha**ta te**des**ka]
meinem Konsulat	il mio consolato? [il **mi**o konso**la**to]

Nach dem Weg fragen

Wie komme ich	**Come arrivo** [**ko**me ar**ri**wo]
nach …	a … [a]
zur Autobahn	all'autostrada [allauto**stra**da]
ins Zentrum	al centro [al **tschen**tro]
zum … Platz	in piazza … [in **pja**zza]
zur … Straße	in via … [in **wi**a]
zum Bahnhof/ zum Busbahnhof	alla stazione/alla stazione dei pullman [**al**la sta**zjo**ne/**al**la sta**zjo**ne **de**i **pull**man]
zum Flughafen/zum Hafen?	all'aeroporto/al porto? [allaero**por**to/al **por**to]
* All'incrocio [allin**kro**tscho]	An der Kreuzung
* Dopo il semaforo [**do**po il se**ma**foro]	Nach der Ampel
*** Dopo cinquecento metri** [**do**po tschinkwe**tschen**to **me**tri]	**Nach 500 Metern**
* girare a destra/sinistra [dsehi**ra**re a **de**stra/si**ni**stra]	rechts/links abbiegen
* andare dritto [an**da**re **dri**tto]	geradeaus fahren/gehen
* tornare indietro. [tor**na**re in**dje**tro]	zurückfahren/-gehen.
Ist das die Straße nach …?	È questa la strada per …? [ä **kwes**ta la **stra**da per]
Wie weit ist es nach …?	Quanto è lontano fino a …? [**kwan**to ä lon**ta**no **fi**no a]
Können Sie mir das auf der Karte zeigen?	Può indicarmelo sulla carta? [pu**o** indi**kar**melo **sul**la **kar**ta]

Ein Auto, Motorrad oder Fahrrad mieten

Ich möchte … mieten.	**Io vorrei affittare** [io wor**re**i affit**ta**re]
ein Auto	una macchina [**u**na **ma**kkina]
einen Geländewagen	un fuoristrada [un fuori**stra**da]
einen Kleinbus	un pullmino [un pull**mi**no]
ein Wohnmobil	un camper [un **kam**per]
ein Motorrad	una motocicletta [**u**na mototschi**kle**tta]
ein Moped/Mofa	un motorino [un moto**ri**no]
einen Motorroller	una motoretta [**u**na moto**re**tta]
ein Fahrrad	una bicicletta [**u**na bitschi**kle**tta]
ein Mountainbike	una mountainbike [**u**na **maun**tenbaik]
für 2 Tage/1 Woche	per due giorni/una settimana [per **du**e **dseh**orni/**u**na setti**ma**na]
ab heute/morgen	da oggi/domani. [da **o**dsehi/do**ma**ni]
Wieviel kostet das Fahrzeug	**Quanto costa questo veicolo** [**kwan**to **kos**ta **kwes**to wei**ko**lo]
pro Tag/pro Woche	al giorno/alla settimana [al **dseh**orno/**a**lla setti**ma**na]
pro gefahrenen Kilometer?	secondo i chilometri percorsi? [se**kon**do i ki**lo**metri per**kor**si]

Gibt es eine Kilometerbegrenzung?/Gibt es Freikilometer?	C'è un limite di chilometraggio?/ È senza limite di chilometraggio? [tschä un **li**mite di kilome**tra**d~~sch~~o/ ä **sen**za **li**mite di kilome**tra**d~~sch~~o]
Wieviele Kilometer sind frei?	Quanti kilometri sono liberi? [**kwan**ti ki**lo**metri **so**no **li**beri]
Welches Benzin muß ich tanken?	Quale benzina devo mettere? [**kwa**le ben**zi**na **de**wo **me**ttere]
Wie hoch ist die Kaution?	Quant'è la cauzione? [kwan**tä** la kau**zjo**ne]
Ist das Fahrzeug vollkaskoversichert?	Questo veicolo ha una polizza di assicurazione kasko? [**kwes**to wei**ko**lo a **u**na **po**lizza di assikura**zjo**ne **ka**sko]
Kann ich das Fahrzeug in ... zurückgeben?	Posso portare questo veicolo in ... indietro? [**po**sso por**ta**re **kwes**to wei**ko**lo in ... in**dje**tro]
Bis wann muß ich das Fahrzeug zurückbringen?	Fino a quando devo portare questo veicolo indietro? [**fi**no a **kwan**do **de**wo por**ta**re **kwes**to wei**ko**lo in**dje**tro]
Bitte erklären Sie mir genau alle Funktionen.	Per favore mi spieghi precisamente tutte le funzioni. [per fa**wo**re mi **spje**gi pretschisa**men**te **tu**tte le fun**zjo**ni]

Parken

Kann ich hier parken?	Posso parcheggiare qui? [**po**sso parke**d~~sch~~a**re kwi]
Gibt es hier	**C'è qui** [tschä kwi]
einen (bewachten) Parkplatz	un parcheggio (custodito) [un par**ke**d~~sch~~o (kusto**di**to)]
ein Parkhaus/eine Garage?	un edificio da parcheggio/un garage? [un edi**fi**tscho da par**ke**d~~sch~~o/un ga**ra**d~~sch~~e]

Verkehrsschilder

Accendere i fari Scheinwerfer einschalten!
Attenzione Achtung!
Autostrada (con obbligo di pedaggio) (gebührenpflichtige) Autobahn
Camion Lastwagen
Cantiere edile Baustelle
Cassa Zahlstelle
Circonvallazione Umgehungsstraße
Coda Stau
Controllo radar Radarkontrolle
Corsia Kriechspur
Corsia per ciclisti Radweg
Curva pericolosa Gefährliche Kurve!
Dare la precedenza Vorfahrt beachten!
Deviazione Umleitung
Disco orario Parkscheibe
Divieto di parcheggio Parkverbot!
Divieto di sorpasso Überholverbot!
Edificio da parcheggio Parkhaus
Guidare a destra Rechts fahren!
Lasciare libera l'uscita Ausfahrt freihalten!
Lavori in corsa Baustelle
Pericolo Gefahr!
Rallentare Langsamer fahren!
Senso unico Einbahnstraße
Vicolo cieco Sackgasse

Mit dem Auto unterwegs

Als unverbesserliche Individualisten ziehen die Italiener auch den Individualverkehr vor: Rund 75 % aller Reisen finden mit dem Auto statt. Kein Wunder, daß das italienische Straßennetz vorzüglich ausgebaut ist. Mautpflichtige Autobahnen *(autostrade)* durchziehen das ganze Land, nur die Strecke von Salerno bis Reggio Calabria ist gebührenfrei. An der Tankstelle *(distributore)* ist der Kunde zumindest tagsüber noch der König: Selbstbedienung ist hier nicht die Regel, und auf Wunsch reinigt der Tankwart sogar die Windschutzscheibe und kontrolliert den Öl- und Wasserstand. Er kassiert auch und freut sich über ein kleines Trinkgeld. Nur nachts oder sonntags ist an vielen Tankstellen Selbstbedienung möglich. Also passende Lire-Scheine für den Automaten bereithalten! Überall finden Sie kleine Autowerkstätten *(officina)*. Den italienischen Automobilklub A. C. I. erreichen Sie unter der Telefonnummer 116, wenn Sie eine Panne haben. Notruf *(Soccorso di Emergenza)*: Telefonnummer 113.

Ist das Parkhaus nachts geöffnet? — È aperto di notte l'edificio da parcheggio? [ä a**pe**rto di **no**tte ledi**fi**tscho da par**ke**d~~sch~~o]

* Occupato. [okku**pa**to] — Belegt.
* Libero. [**li**bero] — Frei.

Wie hoch ist die Parkgebühr — **Quanto è la tariffa di parcheggio** [**kwan**to ä la ta**ri**ffa di par**ke**d~~sch~~o]
- pro Stunde — all'ora [al**lo**ra]
- pro Tag — al giorno [al **d~~sch~~or**no]
- pro Nacht? — a notte? [a **no**tte]

Tanken

Wo ist bitte die nächste Tankstelle? — Dov'è il prossimo distributore di benzina? [do**wä** il **pro**ssimo distribu**to**re di ben**zi**na]

Bitte volltanken. — Prego il pieno. [**prä**go il pj**e**no]

Bitte 20 Liter — **Prego venti litri** [**prä**go **wen**ti **li**tri]
- Normalbenzin — benzina normale [ben**zi**na nor**ma**le]
- Super — benzina super [ben**zi**na **su**per]
- Diesel — diesel [**di**sel]
  - bleifrei/verbleit — senza piombo/con piombo [**sen**za **pjom**bo/kon **pjom**bo]
- Zweitaktmischung. — miscela a due tempi. [mi**sche**la a **due** **tem**pi]

Ich möchte bitte einen halben Liter Öl. — Io vorrei mezzo litro di olio [io wor**rei** **me**zzo **li**tro di **o**ljo]

Bitte prüfen Sie — **Prego controlli** [**prä**go kon**tro**lli]
- den Ölstand — il livello dell'olio [il li**we**llo dell**o**ljo]
- den Reifendruck — la pressione delle gomme [la pre**ssjo**ne **de**lle **go**mme]
- das Kühlwasser. — l'acqua. [**la**kwa]

Panne, Unfall

Ich habe	**Io ho** [io o]
eine (Reifen-)Panne	un guasto (alle gomme) [un gu**a**sto (**a**lle **go**mme)]
einen Unfall.	un incidente. [un intschi**den**te]
Bitte nehmen Sie mich mit	**Per favore mi dia un passaggio fino** [per fa**wo**re mi **di**a un pa**ssa**d~~seh~~o **fi**no]
zur nächsten Tankstelle	al prossimo distributore di benzina [al **pro**ssimo distribu**to**re di ben**zi**na]
zu einer Werkstatt.	ad un'officina. [ad unoffi**tschi**na]
Können Sie	**Per favore può** [per fa**wo**re pu**o**]
mich abschleppen	rimorchiarmi [rimor**kjar**mi]
mir (anschieben) helfen	aiutarmi (spingere) [aju**tar**mi (**spin**d~~seh~~ere)]
mir Starthilfe geben	aiutarmi a partire con la sua batteria [aju**tar**mi a par**ti**re kon la **su**a batte**ri**a]
mir Benzin leihen	prestarmi benzina [pres**tar**mi ben**zi**na]
mir Ihren Wagenheber leihen	prestarmi il cricco [pres**tar**mi il **kri**kko]
den Pannendienst benachrichtigen	informare il servizio di soccorso stradale [infor**ma**re il ser**wi**zjo di so**kkor**so stra**da**le]
die Polizei/die Feuerwehr rufen	chiamare la polizia/i pompieri [kja**ma**re la poli**zi**a/i pom**pje**ri]
einen Krankenwagen rufen	chiamare una autoambulanza [kja**ma**re **u**na autoambu**lan**za]
einen Arzt rufen?	chiamare un medico? [kja**ma**re un **me**diko]
Sind Sie verletzt?	È ferito? [ä fe**ri**to]
Es ist niemand verletzt.	Non c'è nessuno ferito. [non tschä ne**ssu**no fe**ri**to]
Es ist jemand (schwer) verletzt.	C'è qualcuno ferito (grave). [tschä kwal**ku**no fe**ri**to (**gra**we)]

Auto, Motorrad, Fahrrad

Abschleppseil	cavo da rimorchio [**ka**wo da ri**mor**kjo]
Auspuff	tubo di scarico [**tu**bo di **ska**riko]
Autoschlüssel	chiave della macchina [**kja**we **de**lla **ma**kkina]
Batterie	batteria [batte**ri**a]
Bremse	freno [**fre**no]
Ersatzteil	pezzo di ricambio [**pe**zzo di ri**kam**bjo]
Flickzeug	arnesi da rappezzo [ar**ne**si da ra**ppe**zzo]
Gangschaltung	cambio [**kam**bjo]
Glühbirne	lampadina [lampa**di**na]
Handbremse	freno a mano [**fre**no a **ma**no]
Hupe	clacson [**kla**kson]
Katalysator	catalizzatore [katalizza**to**re]
Keilriemen	cinghia [**tschin**gja]
Kette	catena [ka**te**na]
Kindersitz	sedile per bambini [se**di**le per bam**bi**ni]
Klimaanlage	aria condizionata [**a**rja kondizjo**na**ta]
Kühler	radiatore [radja**to**re]
Lenkung	sterzo [**ster**zo]
Luftpumpe	pompa dell'aria [**pom**pa dell**a**rja]
(Fahrrad-)Mantel	copertone (per bicicletta) [koper**to**ne (per bitschi**kle**tta)]
Motor	motore [mo**to**re]
Reifen	ruota [ru**o**ta]
Reparatur	riparazione [ripara**zjo**ne]
Reserverad	ruota di scorta [ru**o**ta di **skor**ta]
Rücklicht	luce posteriore [**lu**tsche poster**jo**re]
Scheibenwischer	tergicristallo [terdschikri**sta**llo]
Scheinwerfer	faro [**fa**ro]
Schlauch	gomma [**go**mma]
Schraube	vite [**wi**te]
Schraubenzieher	cacciavite [katscha**wi**te]
Sicherheitsgurt	cintura di sicurezza [tschin**tu**ra di siku**re**zza]
Sicherung	valvola di sicurezza [**wal**wola di siku**re**zza]
Tank	serbatoio [serba**to**jo]
Ventil	valvola [**wal**wola]
Verbandszeug	materiale di pronto soccorso [mat**erja**le di **pron**to so**kkor**so]
Vorderlicht	luce anteriore [**lu**tsche anter**jo**re]
Warndreieck	triangolo di avvertimento [tri**a**ngolo di awwerti**men**to]
Werkzeug	arnese da lavoro [ar**ne**se da la**wo**ro]
Zündkerze	candela di accensione [kan**de**la di atschen**sjo**ne]

Geben Sie mir bitte Ihren Namen und Ihre Anschrift Ihre Versicherungsnummer.	**Prego mi dia** [prägo mi **di**a] il Suo nome e indirizzo [il suo **no**me e indi**ri**zzo] il Suo numero di assicurazione. [il **suo** **nu**mero di assikura**zjo**ne]
Ich bin/Sie sind/Er ist zu schnell gefahren zu dicht aufgefahren.	**Io sono/Lei è/Lui è** [io **so**no/**läi** ä /**lu**i ä] andato troppo veloce [an**da**to **tro**ppo we**lo**tsche] andato troppo vicino. [an**da**to **tro**ppo wit**schi**no]
Ich habe/Sie haben/Er hat die Vorfahrt mißachtet das Rotlicht übersehen.	**Io non ho/Lei non ha/Lui non ha** [io non o/**läi** non a/**lu**i non a] rispettato la precedenza [rispe**tta**to la pretsche**den**za] visto la luce rossa. [**wis**to la **lu**tsche **ro**ssa]
Sind Sie Zeuge des Unfalls?	Lei è testimone dell'incidente? [**läi** ä testi**mo**ne dellintschi**den**te]
Vielen Dank für Ihre Hilfe.	Molte grazie per il Suo aiuto. [**mol**te **gra**zje per il **su**o a**ju**to]

Werkstatt

Gibt es hier eine (VW-)Werkstatt?	C'è qui un'officina (per la Volkswagen)? [tschä kwi unoffi**tschi**na (per la wolks**wa**gen)]
Der Motor springt nicht an verliert Öl funktioniert nicht richtig.	**Il motore** [il mo**to**re] non parte [non **par**te] perde olio [**per**de **o**ljo] non funziona bene. [non fun**zjo**na **be**ne]
Die Bremsen sind nicht in Ordnung.	I freni non sono in ordine. [i **fre**ni non **so**no in **or**dine]
Die Kontrollampe leuchtet.	La lampada di controllo è accesa. [la **lam**pada di kon**tro**llo ä a**tsche**sa]
Der Auspuff/Der Kühler ist undicht/ist defekt.	Il tubo di scarico/Il radiatore non è impermeabile/è difettoso. [il **tu**bo di **ska**riko/il radja**to**re non ä imperme**a**bile/ ä dife**tto**so]
Was kostet die Reparatur?	Quanto costa la riparazione? [**kwan**to **ko**sta la ripara**zjo**ne]
Wann ist der Wagen fertig?	Quando è pronta la macchina? [**kwan**do ä **pron**ta la **ma**kkina]

Autostopp

Fahren Sie nach ...?	Lei va a ...? [**läi** wa a]
Können Sie mich mitnehmen?	Può darmi un passaggio? [pu**o** **dar**mi un pa**ssa**dseho]
Ich möchte hier aussteigen!	Vorrei scendere qui! [wo**rre**i **schen**dere kwi]
Danke fürs Mitnehmen!	Grazie per il passaggio! [**gra**zje per il pa**ssa**dseho]

Städtische Verkehrsmittel

Bus, Straßenbahn und U-Bahn

Gibt es einen Bus nach …?	C'è un autobus per …? [tschä un autobus per]
Wie lange dauert die Fahrt?	Quanto dura il viaggio? [kwanto dura il wjadscho]
Wo ist bitte die nächste	**Prego dov'è la prossima** [prägo dowä la prossima]
Bushaltestelle	fermata dell'autobus [fermata dellautobus]
Straßenbahnhaltestelle	fermata del tram [fermata del tram]
U-Bahnstation?	stazione della metropolitana? [stazjone della metropolitana]
… fährt nach …?	**… va a …?** [wa a]
Welcher Bus	Quale autobus [kwale autobus]
Welche Straßenbahn	Quale tram [kwale tram]
Welche U-Bahn	Quale metropolitana [kwale metropolitana]
Wann fährt der letzte Bus zurück?	Quando ritorna l'ultimo autobus? [kwando ritorna lultimo autobus]
Ist dies der Bus nach …?	È questo l'autobus per …? [ä kwästo lautobus per]
Wo muß ich	**Dove devo** [dowe dewo]
aussteigen	scendere [schendere]
umsteigen nach …	cambiare per … [kambjare per]
umsteigen	cambiare [kambjare]
zum Bahnhof	per la stazione [per la stazjone]
zum Flughafen	per l'aeroporto [per laeroporto]
zum Hotel …	per l'albergo … [per lalbergo]
ins Zentrum?	per il centro? [per il tschentro]
Sagen Sie mir bitte, wann ich aussteigen muß.	Per favore, mi dica quando devo scendere. [per fawore mi dika kwando dewo schendere]
Einen Fahrschein nach … bitte.	Un biglietto per …, prego. [un biljetto per … prägo]
Wieviel kostet die Fahrt nach …?	Quanto costa il biglietto per …? [kwanto kosta il biljetto per]
Halten Sie bitte hier!	Prego faccia una fermata qui! [prägo fatscha una fermata kwi]

Taxi

Wo ist der nächste Taxistand?	Dov'è la prossima stazione dei taxi? [dowä la prossima stazjone dei taxi]
Fahren Sie mich bitte	**Mi porti per favore** [mi porti per fawore]
zum Bahnhof	alla stazione [alla stazjone]
zum Hotel	all'albergo [allalbergo]
zum Flughafen	all'aeroporto [allaeroporto]
in die Innenstadt	al centro [al tschentro]
nach …	a … [a]

Hinweisschilder

Acqua (non) potabile (Kein) Trinkwasser!
Banchina Bahnsteig
Binario Gleis
Freno d'allarme Notbremse
Gabinetti Toiletten
Informazioni Auskunft
Lavabo Waschraum
Libero Frei
Occupato Besetzt
Uscita Ausgang
Vagone cuccette Liegewagen
Vagone letto Schlafwagen
Vagone ristorante Speisewagen

Was kostet die Fahrt nach/zum/zur ...?	Quanto costa il viaggio per ...? [**kwan**to **kos**ta il **wja**d~~sch~~o per]
Schalten Sie bitte das Taxameter ein.	Inserisca per favore il tassametro. [inse**ris**ka per fa**wo**re il tas**sa**metro]
Halten Sie hier bitte.	Si fermi qui prego. [si **fer**mi kwi **prä**go]
Das ist für Sie!	Questo è per Lei! [**kwes**to ä per **läi**]

Mit Bahn und Bus unterwegs

Wo ist der (Bus-)Bahnhof, bitte?	Prego dov'è la stazione (dei pullman)? [**prä**go do**wä** la sta**zjo**ne (**dei** **pull**man)]
Wann fährt ein Zug/Bus nach ...?	Quando parte un treno/pullman per ...? [**kwan**do **par**te un **tre**no/**pull**man per]
Muß ich umsteigen?	Devo scendere? [**de**wo **schen**dere]
Von welchem Gleis fährt der Zug ab?	Da quale binario parte il treno? [da **kwa**le bi**na**rio **par**te il **tre**no)]
Wann kommt der Zug/Bus in ... an?	Quando arriva il treno/pullman a ...? [**kwan**do ar**ri**wa il **tre**no/**pull**man a]
Habe ich in ... Anschluß nach ...?	C'è una coincidenza in ... per ...? [tschä **u**na kointschi**den**za in ... per]
Was kostet die Fahrt?	Quanto costa il viaggio? [**kwan**to **kos**ta il **wja**d~~sch~~o]
Gibt es eine Ermäßigung für Kinder?	C'è uno sconto per bambini? [tschä **u**no **skon**to per bam**bi**ni]
Bitte eine Karte/Karten	**Prego un biglietto/dei biglietti** [**prä**go un bi**lje**tto/**dei** bi**lje**tti]
nach ...	per ... [per]
einfach/hin und zurück	semplice/andata e ritorno [**sem**plitsche/an**da**ta e ri**tor**no]
erster/zweiter Klasse	prima/seconda classe [**pri**ma/se**kon**da **klas**se]
für 2 Erwachsene und 2 Kinder.	per due adulti e due bambini. [per **du**e a**dul**ti e **du**e bam**bi**ni]

Bitte reservieren Sie für den Zug/für den Bus	**Prego riservi per il treno/per l'autobus** [prägo riserwi per il treno/per lautobus]
nach …	per … [per]
um 14 Uhr	alle ore quattordici [alle ore kwattorditschi]
einen Fensterplatz	un posto vicino alla finestra [un posto witschino alla finestra]
Nichtraucher/Raucher	non fumatori/fumatori [non fumatori/fumatori]
einen Liegewagenplatz	un posto cuccetta [un posto kutschetta]
einen Schlafwagenplatz.	un posto vagone letto. [un posto wagone letto]
Ich möchte	**Io vorrei** [io worrei]
mein Fahrrad mitnehmen	portare la mia bicicletta [portare la mia bitschikletta]
dieses Gepäck aufgeben.	consegnare questo pacco. [konsenjare kwesto pakko]
Wo finde ich bitte	**Prego dove trovo** [prägo dowe trowo]
den Informationsschalter	lo sportello per le informazioni [lo sportello per le informazjoni]
die Gepäckaufbewahrung	il deposito bagagli [il deposito bagalji]
Schließfächer?	la cassetta di custodia? [la kassetta di kustodia]
Ist das der Zug/der Bus nach …?	È questo il treno/l'autobus per …? [ä kwesto il treno/lautobus per]
Ist dieser Platz frei, bitte?	Prego, è libero questo posto? [prägo ä libero kwesto posto]

Mit dem Flugzeug unterwegs

Ich möchte	**Io vorrei** [io worrei]
einen Flug buchen nach …	riservare un volo per … [riserware un wolo per]
für 1 Person/2 Personen	per una persona/due persone [per una persona/due persone]
am …	il … [il]
einfach/Hin- und Rückflug	semplice/andata e volo di ritorno [semplitsche/andata e wolo di ritorno]
Touristenklasse/1. Klasse	classe turistica/prima classe [klasse turistika/prima klasse]
einen Flug rückbestätigen	confermare un volo [konfermare un wolo]
stornieren/umbuchen.	stornare/prenotare per un altro volo. [stornare/prenotare per un altro wolo]
Wo ist	**Dov'è** [dowä]
Terminal 1/2/3	il terminale uno/due/tre [il terminale uno/due/tre]
der Alitalia-Schalter	lo sportello di Alitalia [lo sportello di Alitalia]
der Informationsschalter?	lo sportello per le informazioni? [lo sportello per le informazjoni]
Wann landet die Maschine aus …?	Quando atterra l'aereo da …? [kwando atterra laereo da]

Sind noch Plätze frei	**Ci sono ancora posti liberi** [tschi **so**no an**ko**ra **pos**ti **li**beri]
am Fenster/am Gang	vicino alla finestra/al corridoio [wi**tschi**no **al**la fi**nes**tra/al korri**do**jo]
für Raucher/Nichtraucher?	per fumatori/non fumatori? [per fuma**to**ri/non fuma**to**ri]
Wieviel kostet der Flug?	Quanto costa il volo? [**kwan**to **kos**ta il **wo**lo]
Gibt es Sondertarife/ Stand-by-Plätze?	Ci sono tariffe speciali/posti stand by? [tschi **so**no ta**rif**fe spe**tscha**li/**pos**ti ständ bai]
Wann muß ich am Flughafen sein?	Quando devo essere all'aeroporto? [**kwan**do **de**wo **es**sere allaero**por**to]
Wie hoch ist die Flughafengebühr?	Quant'è la tariffa per l'aeroporto? [kwan**tä** la ta**rif**fa per laero**por**to]
Mein Koffer/Meine Tasche	**La mia valigia/La mia borsa** [la **mi**a wali**d~~sch~~a**/la **mi**a **bor**sa]
ist beschädigt	è danneggiata [ä danne**d~~sch~~a**ta]
ist verschwunden.	è sparita. [ä spa**ri**ta]

Mit dem Schiff unterwegs

Wann fährt ein Schiff/eine (Auto-)Fähre nach …?	Quando parte una nave/un traghetto per …? [**kwan**do **par**te **u**na **na**we/un tra**ge**tto per]
Wie lange dauert die Überfahrt?	Quanto dura la traversata? [**kwan**to **du**ra la trawer**sa**ta]
Ich möchte	**Io vorrei** [io wo**rrei**]
eine Schiffskarte nach …	un biglietto per … [un bil**je**tto per]
1./2. Klasse	prima/seconda classe [**pri**ma/se**kon**da **klas**se]
Liegesitze	sedile a sdraio [se**di**le a s**dra**jo]
eine Einzelkabine	una cabina singola [**u**na ka**bi**na **sin**gola]
eine Zweibettkabine	una cabina doppia [**u**na ka**bi**na **dop**pja]
eine Außen-/Innenkabine.	una cabina esterna/interna. [**u**na ka**bi**na es**ter**na/in**ter**na]
Ich möchte mein Auto mitnehmen.	Io vorrei portare la mia auto. [**io** wo**rrei** por**ta**re la **mi**a **au**to]
Wann muß ich/müssen wir an Bord sein?	Quando devo/dobbiamo stare a bordo? [**kwan**do **de**wo/do**bbja**mo **sta**re a **bor**do]
Wann legen wir in … an?	Quando ancoriamo in …? [**kwan**do anko**ria**mo in]
Wie lange haben wir Aufenthalt?	Per quanto tempo abbiamo il soggiorno? [per **kwan**to **tem**po a**bbja**mo il so**d~~sch~~or**no]
Ich suche	**Io cerco** [io **tscher**ko]
die Kabine Nummer …	la cabina numero … [la ka**bi**na **nu**mero]
das Restaurant	il ristorante [il risto**ran**te]
einen Kiosk	un chiosco [un **kjos**ko]
die Toiletten	i gabinetti [i gabi**net**ti]
das Promenadendeck	il ponte di passeggio [il **pon**te di pa**sse**d~~sch~~o]
das Parkdeck	il ponte di parcheggio [il **pon**te di par**ke**d~~sch~~o]
einen Steward.	un cameriere di bordo. [un kame**rie**re di **bor**do]

In den Weinbergen des Chianti läßt es sich im Ambiente traditioneller Landhäuser stilvoll entspannen

Unterkunft

Hotel und Privatzimmer

Gibt es hier	**C'è quì** [tschä kwi]
ein gutes/einfaches Hotel	un albergo buono/semplice [un al**ber**go bu**o**no **sem**plitsche]
eine Pension	una pensione [una pen**sjo**ne]
in Strandnähe	vicino alla spiaggia [wi**tschi**no **a**lla **spja**dseha]
zentral gelegen	nel centro [nel **tschen**tro]
in ruhiger Lage?	in un posto tranquillo? [in un **pos**to tran**kwi**llo]
Wo ist das Hotel/ die Pension ...?	Dov'è l'albergo/la pensione ...? [do**wä** lal**ber**go/la pen**sjo**ne]

An der Rezeption

Ich habe ein Zimmer reserviert.	Io ho fatto riservare una camera. [**i**o o **fa**tto riser**wa**re **u**na **ka**mera]
Mein Name ist ...	Il mio nome è ... [il **mi**o **no**me ä]
Haben Sie ein Zimmer frei	**Ha una camera libera** [a **u**na **ka**mera **li**bera]
für eine Nacht	per una notte [per **u**na **no**tte]
für ein Tag	per un giorno [per un **dseho**rno]
für zwei/drei Tage	per due/tre giorni [per **du**e/tre **dseho**rni]
für 1 Woche?	per una settimana? [per **u**na setti**ma**na]
* Noi siamo purtroppo al completo. [**noi** **sja**mo pur**tro**ppo al kom**ple**to]	Wir sind leider ausgebucht.
* Ab ... wird etwas frei.	Dal ... ci sarà qualcosa libero. [dal tschi sa**rà** kwal**ko**sa **li**bero]

Ich möchte/Wir möchten	**Io vorrei/Noi vorremmo** [io wo**rrei**/**no**i wo**rre**mmo]
ein Zimmer mit Dusche	una camera con doccia [**u**na **ka**mera kon **do**d~~sch~~a]
ein Einzelzimmer	una camera singola [**u**na **ka**mera **sin**gola]
ein Doppelzimmer	una camera doppia [**u**na **ka**mera **do**ppja]
ein Zweibettzimmer	una camera a due letti [**u**na **ka**mera a **du**e **le**tti]
mit Bad und Toilette	con bagno e gabinetto [**kon** **ba**njo e gabi**ne**tto]
mit Balkon	con balcone [kon bal**ko**ne]
zum Strand/zur Straße.	sulla spiaggia/sulla strada. [**su**lla **spja**d~~sch~~a/**su**lla **stra**da]
Wieviel kostet das Zimmer	**Quanto costa la camera** [**kwan**to **kos**ta la **ka**mera]
pro Person	a persona [a per**so**na]
pro Nacht	per notte [per **no**tte]
pro Woche	per settimana [per setti**ma**na]
mit/ohne Frühstück	con/senza colazione [kon/**sen**za kola**zjo**ne]
mit Halbpension	con mezza pensione [kon **me**zza pen**sjo**ne]
mit Vollpension	con pensione completa [kon pen**sjo**ne kom**ple**ta]
für Kinder?	per bambini? [per bam**bi**ni]
Ist das Zimmer mit Fernseher/ Telefon?	La camera è con televisione/telefono? [la **ka**mera ä kon telewi**sjo**ne/te**lä**fono]
Ich möchte das Zimmer sehen.	Vorrei vedere la camera. [wo**rre**i we**de**re la **ka**mera]
Das Zimmer ist schön/ in Ordnung.	La camera è bella/in ordine. [la **ka**mera ä **bä**lla/in **or**dine]
Das Zimmer gefällt mir nicht.	La camera non mi piace. [la **ka**mera non mi **pja**tsche]
Haben Sie ein anderes Zimmer?	Ha un'altra camera? [a un**al**tra **ka**mera]
Kann ich mit Scheck/Kredit-karte bezahlen?	Posso pagare con assegno/carta di credito? [**po**sso pa**ga**re kon a**sse**njo/**kar**ta di **kre**dito]
Haben Sie	**Avete** [a**we**te]
einen Parkplatz	un parcheggio [un par**ke**d~~sch~~o]
eine (bewachte) Garage	un garage (sorvegliato) [un ga**ra**d~~sch~~e (sorwe**lja**to)]
einen Safe	una cassaforte [**u**na kassa**for**te]
ein Schwimmbad	una piscina [**u**na pi**schi**na]
eine Sauna	una sauna [**u**na **sa**una]
einen eigenen Strand?	una spiaggia propria? [**u**na **spja**d~~sch~~a **pro**prja]
Wo ist	**Dov'è** [do**wä**]
der Frühstücksraum	il posto per la colazione [il **pos**to per la kola**zjo**ne]
der Speisesaal?	la sala da pranzo? [la **sa**la da **pran**zo]

Wann gibt es	**Quando è l'ora di** [**kwan**do ä **lo**ra di]
Frühstück	colazione [kola**zjo**ne]
Mittagessen	pranzo [**pran**zo]
Abendessen?	cena? [**tsche**na]

▶ **(Zu den Mahlzeiten siehe Essen und Trinken, S. 40.)**

Wecken Sie mich morgen bitte um 7 Uhr!	Mi svegli domani alle ore sette per piacere! [mi **swe**lji do**ma**ni **a**lle **o**re **se**tte per pja**tsche**re]
Meinen Schlüssel, bitte!	La mia chiave, per favore! [la **mi**a **kja**we per fa**wo**re]
Zimmer Nummer 10 bitte!	Camera numero dieci prego! [**ka**mera **nu**mero **dje**tschi **prä**go]

Kann ich hier	**È possibile qui** [ä pos**si**bile kwi]
Geld tauschen	cambiare soldi [kam**bja**re **sol**di]
Eurocheques/Travellerschecks einlösen	riscuotere eurocheques/traveller's cheques [risku**o**tere äuro**sche**ks/trawällers**sche**ks]
Briefmarken/Postkarten kaufen	comprare francobolli/cartoline [kom**pra**re franko**bo**lli/karto**li**ne]
einen Brief einwerfen	imbucare una lettera [imbu**ka**re **u**na **le**ttera]
telefonieren?	telefonare? [telefo**na**re]

Kann ich von meinem Zimmer nach Deutschland telefonieren?	Posso telefonare dalla mia camera in Germania? [**po**sso telefo**na**re **da**lla **mi**a **ka**mera in dscher**ma**nja]
Verbinden Sie mich bitte mit der Nummer ...!	Mi può collegare con il numero ... per favore? [mi pu**o** kolle**ga**re kon il **nu**mero ... per fa**wo**re]
Gibt es Post für mich?	C'è posta per me? [tschä **pos**ta per me]

Reklamationen

Das Zimmer ist schmutzig/zu laut.	La camera è sporca/rumorosa. [la **ka**mera ä **spor**ka/rumo**ro**sa]
Wir haben kein (warmes) Wasser.	Noi non abbiamo acqua (calda). [**no**i non a**bbja**mo **a**kwa (**kal**da)]

... funktioniert nicht.	**... non funziona.** [non fun**zjo**na]
Das Licht	La luce [la **lu**tsche]
Die Dusche	La doccia [la **do**dscha]
Die Toilette	Il gabinetto [il gabi**ne**tto]
Die Heizung	Il riscaldamento [il riskalda**men**to]

Es fehlen	**Mancano** [**man**kano]
Handtücher	asciugamani [aschuga**ma**ni]
Toilettenpapier	carta igienica [**kar**ta i**dschje**nika]
Kleiderbügel.	grucce. [**gru**tsche]

Wir brauchen (noch)	**Noi abbiamo (ancora) bisogno di** [**no**i a**bbja**mo (an**ko**ra) bi**so**njo di]
eine Decke	una coperta [**u**na ko**per**ta]
ein Kopfkissen.	un cuscino. [un ku**schi**no]

Ich habe meinen Zimmerschlüssel verloren.	Io ho perso la mia chiave della camera. [io o **per**so la **mi**a **kia**we **de**lla **ka**mera]

Hotelreservierung per Fax

Hotel Lungomare	Hotel Lungomare
Salerno	Salerno
FAX ...	FAX ...
Sehr geehrte Damen und Herren,	Gentili Signore e Signori,
ich möchte/wir möchten von 1. bis 15. August 1999 ein Zimmer für 1–2 Personen reservieren, wenn möglich mit Dusche und Balkon. Bitte teilen Sie mir/uns die Preise für Einzel-/Doppelzimmer mit Frühstück/Halbpension/Vollpension mit und benachrichtigen Sie mich/uns umgehend über die erfolgte Buchung.	io vorrei/noi vorremmo prenotare dal 1 al 15 agosto 1999 una camera per 1–2 persone, si possibile con doccia e balcone. Prego mi/ci informi dei prezzi per camera singola/camera doppia con colazione/mezza pensione/pensione completa e mi/ci informi subito sull'effettuato prenotamento
Mit freundlichen Grüßen	Distinti saluti.

Abreise

Ich reise/Wir reisen morgen/heute ab.	Io parto/Noi partiamo domani/oggi. [io **par**to/**noi** par**tja**mo do**ma**ni/**o**d~~sch~~i]
Die Rechnung bitte.	Il conto prego. [il **kon**to **prä**go]
Rufen Sie bitte ein Taxi.	Chiami per favore un taxi. [**kja**mi per fa**wo**re un **ta**xi]
Es hat uns hier sehr gefallen.	A noi è piaciuto molto qui. [a **noi** ä pja**tschu**to **mol**to kwi]
Vielen Dank!	Molte grazie! [**mol**te **gra**zje]
Auf Wiedersehen.	Arrivederci. [arriwe**der**tschi]

Ferienhaus und Ferienwohnung

Wir suchen	**Noi cerchiamo** [**no**i tscher**kja**mo]
ein Ferienhaus	una casa per le vacanze [**u**na **ka**sa per le wa**kan**ze]
eine Ferienwohnung	un appartamento per le vacanze [un apparta**men**to per le wa**kan**ze]
ein (ruhiges) Appartement	un appartamento (tranquillo) [un apparta**men**to (trank**wi**llo)]
für 2/4 Personen	per 2/4 persone [per **due**/**kwa**ttro per**so**ne]
für 6 Tage/2 Wochen.	per sei giorni/due settimane. [per **sä**i **d~~sch~~or**ni/**du**e setti**ma**ne]
Wieviele Zimmer hat/Was kostet die Wohnung/das Haus?	Quante camere ha/Quanto costa l'appartamento/la casa [**kwan**te **ka**mere a/**kwan**to **kos**ta lapparta**men**to/la **ka**sa]
Sind Nebenkosten extra zu bezahlen?	Le spese accessorie sono da pagare a parte? [le **spe**se atsche**sso**rje **so**no da pa**ga**re a **par**te]
Sind Haustiere/Hunde erlaubt?	Sono permessi animali domestici/cani? [**so**no per**me**ssi ani**ma**li do**mes**titschi/**ka**ni]

Müssen wir die Endreinigung übernehmen?	Dobbiamo assumere noi le pulizie finali? [dobbjamo assumere noi le pulizje finali]
Wo kann man hier	**Dove si può** [dowe si puo]
einkaufen	fare la spesa [fare la spesa]
telefonieren	telefonare [telefonare]
Wäsche waschen?	lavare biancheria? [laware bjankeria]

Camping

Haben Sie Platz für	**Avete posto per** [awete posto per]
ein Zelt	una tenda [una tenda]
einen Wohnwagen	una roulotte [una rulott]
ein Wohnmobil?	un camper? [un kamper]
Was kostet der Platz	**Quanto costa il posto** [kwanto kosta il posto]
pro Person	a persona [a persona]
für ein Auto	per una macchina [per una makkina]
für ein Wohnmobil	per un camper [per un kamper]
für einen Wohnwagen	per una roulotte [per una rulott]
für ein Zelt?	per una tenda? [per una tenda]
Vermieten Sie auch	**Affitta anche** [affitta anke]
Wohnwagen	roulotte [rulott]
Zelte	tende [tende]
Bungalows/Hütten?	villini/capanne? [willini/kapanne]
Wo sind die Duschen/ die Toiletten?	Dove sono le docce/i gabinetti? [dowe sono le dotsche/i gabinetti]
Wir brauchen einen	**Noi abbiamo bisogno di un** [noi abbjamo bisonjo di un]
Stromanschluß	collegamento per la corrente [kollegamento per la korrente]
Wasseranschluß	collegamento per l'acqua [kollegamento per lakwa]
Anschluß an die Kanalisation.	collegamento alla canalizzazione. [kollegamento alla kanalizzazjone]
Wann wird nachts das Tor geschlossen?	Quando viene chiuso il portone di notte? [kwando wjene kjuso il portone di notte]
Ist der Platz nachts bewacht?	Il posto è sorvegliato di notte? [il posto ä sorweljato di notte]
Gibt es auf dem Campingplatz	**C'è al campeggio** [tschä al kampedseho]
einen Supermarkt	un supermercato [un supermerkato]
ein Restaurant	un ristorante [un ristorante]
eine Münz-Waschmaschine	una lavatrice a gettoni [una lawatritsche a dsehettoni]
Kühlboxen	frigorifero da affittare [frigorifero da affittare]
einen Spielplatz?	un parco giochi? [un parko dsehoki]

Jugendherberge

Gibt es hier eine Jugendherberge?
C'è qui un ostello della gioventù? [tschä kwi un o**ste**llo **de**lla d~~sch~~owen**tu**]

Wieviel kostet eine Übernachtung pro Person (mit Frühstück)?
Quanto costa un pernottamento a persona (con colazione)? [**kwan**to **kos**ta un pernotta**men**to a per**so**na (kon kola**zjo**ne)]

Ich bleibe/Wir bleiben 2 Tage/Wochen.
Io rimango/Noi rimaniamo due giorni/settimane. [**io** ri**man**go/**no**i rima**nja**mo **du**e **d~~sch~~or**ni/setti**ma**ne]

Unterkunft

Adapter	spina di riduzione [**spi**na di ridu**zjo**ne]
Appartement	appartamento [apparta**men**to]
Aschenbecher	portacenere [porta**tsche**nere]
Aufzug	ascensore [aschen**so**re]
Badewanne	vasca da bagno [**was**ka da **ba**njo]
Balkon	balcone [bal**ko**ne]
Bett	letto [**le**tto]
Bettdecke	coperta da letto [ko**per**ta da **le**tto]
Bettwäsche	biancheria da letto [bjanke**ri**a da **le**tto]
Dusche	doccia [**do**t~~sch~~a]
Endreinigung	pulizie finali [puli**zj**e fi**na**li]
Ermäßigung	riduzione [ridu**zjo**ne]
Familienzimmer	camera per famiglia [**ka**mera per fa**mi**lja]
Fernseher	televisore [telewi**so**re]
Garage	garage [ga**ra**d~~sch~~e]
Gasflasche	bombola di gas [**bom**bola di gas]
Gepäck	bagaglio [ba**ga**ljo]
Geschirr	piatti [pj**a**tti]
Geschirrtuch	straccio per i piatti [**stra**tscho per i pj**a**tti]
Handtuch	asciugamano [aschuga**ma**no]
Heizung	riscaldamento [riskalda**men**to]
Herd	cucina [ku**tschi**na]
Hering	picchetto [pi**kke**tto]
Kaffeemaschine	macchina da caffè [**ma**kkina da ka**ffe**]
Kinderbett	letto per bambini [**le**tto per bam**bi**ni]
Kissen	cuscino [ku**schi**no]
Kleiderbügel	gruccia [**gru**tscha]
Klimaanlage	aria condizionata [arja kondizjo**na**ta]
Kochtöpfe	pentole [**pen**tole]
Küche	cucina [ku**tschi**na]
leihen	noleggiare [nole**d~~sch~~a**re]
Leihgebühr	tassa di noleggio [**ta**ssa di nole**d~~sch~~o**]
Licht	luce [**lu**tsche]

Ich brauche (keine) Bettwäsche.	Io (non) ho bisogno di biancheria da letto. [io (non) o bi**so**njo di bjanke**ri**a da **le**tto]
Wann wird die Eingangstür abgeschlossen?	Quando viene chiusa la porta di entrata? [**kwan**do **wje**ne **kju**sa la **por**ta di en**tra**ta]
Wie weit ist es bis	**Quanto è lontano fino** [**kwan**to ä lon**ta**no **fi**no]
zum Strand	alla spiaggia [**a**lla **spja**dscha]
zur Stadt	in città [in tschi**tta**]
zum Bahnhof?	alla stazione? [**a**lla sta**zjo**ne]

Müll	spazzatura [spazza**tu**ra]
Mülleimer	secchio per la spazzatura [**se**kkio per la spazza**tu**ra]
Münze	moneta [mo**ne**ta]
Münzen	spiccioli *(m/Pl)* [spi**tscho**li]
Nebenkosten	spese accessorie [**spe**se atsche**sso**rje]
Parkplatz	parcheggio [par**ke**dscho]
Pension	pensione [pen**sjo**ne]
Radio	radio [**ra**djo]
Rechnung	conto [**kon**to]
reinigen	pulire [pu**li**re]
reparieren	riparare [ripa**ra**re]
Safe	cassaforte [kassa**for**te]
Schlafsack	sacco a pelo [**sa**kko a **pe**lo]
Schlüssel	chiave [**kja**we]
Seife	sapone [sa**po**ne]
Speisesaal	sala da pranzo [**sa**la da **pran**zo]
Sportplatz	campo sportivo [**kam**po spor**ti**wo]
Strom	corrente elettrica [ko**rren**te e**le**ttrika]
Stromanschluß	collegamento elettrico [kollega**men**to e**le**ttriko]
Telefon	telefono [te**lä**fono]
Toilette	gabinetto [gabi**ne**tto]
Toilettenpapier	carta igienica [**kar**ta i**dschje**nika]
Trinkwasser	acqua potabile [**a**kwa po**ta**bile]
Ventilator	ventilatore [wentila**to**re]
Waschbecken	lavandino [lawan**di**no]
waschen	lavare [la**wa**re]
Waschmaschine	lavatrice [lawa**tri**tsche]
Wasser	acqua [**a**kwa]
Wohnmobil	camper [**kam**per]
Wohnwagen	roulotte [ru**lott**]
Zimmermädchen	cameriera [kame**rje**ra]

Für eine kurze Erfrischung bei einem Eis oder einem kühlen Getränk ist überall gesorgt

Essen und Trinken

Wo gibt es hier — **Dove si trova qui** [**do**we si **tro**wa kwi]

- ein gutes Restaurant — un buon ristorante [un bu**on** risto**ran**te]
- ein preiswertes Restaurant — un ristorante economico [un risto**ran**te eko**no**miko]
- ein nettes/typisches Lokal — un locale carino/tipico [un lo**ka**le ka**ri**no/**ti**piko]
  - mit einheimischer/internationaler Küche? — con cucina nostrana/internazionale? [**kon** ku**tschi**na no**stra**na/internazjo**na**le]

Ich möchte/Wir möchten — **Io vorrei/Noi vorremmo** [io wor**rei**/**noi** wor**rem**mo]

- frühstücken — fare colazione [**fa**re kola**zjo**ne]
- mittagessen/abendessen — pranzare/cenare [pran**za**re/tsche**na**re]
- eine Kleinigkeit essen — mangiare una piccolezza [man**dscha**re **u**na pikko**lez**za]
- nur etwas trinken. — solo bere qualcosa. [**so**lo **be**re kwal**ko**sa]

Ich möchte einen Tisch bestellen — **Io vorrei ordinare un tavolo** [io wor**rei** ordi**na**re un **ta**wolo]

- für heute/morgen abend — per oggi/domani sera [per **odschi**/do**ma**ni **se**ra]
  - um 19/20 Uhr — alle ore diciannove/venti [**al**le **o**re didschan**no**we/**wen**ti]
  - für vier/sechs Personen — per quattro/sei persone [per **kwa**ttro/**sei** per**so**ne]
  - auf den Namen … — a nome di … [a **no**me di]

Ich habe einen Tisch bestellt auf den Namen … — Io ho ordinato un tavolo a nome di … [io o ordi**na**to un **ta**wolo a **no**me di]

Einen Tisch für zwei/ vier Personen bitte!	Un tavolo per due/quattro persone prego! [un **ta**wolo per **du**e/**kwa**ttro per**so**ne **prä**go]
Ist dieser Tisch/Platz frei?	Questo tavolo/posto è libero? [**kwes**to **ta**wolo/**pos**to ä **li**bero]
Haben Sie Kinderstühle?	Avete sedie per bambini? [a**we**te **se**dje per bam**bi**ni]
Wo sind die Toiletten bitte?	Dove sono i gabinetti per favore? [**do**we **so**no i gabi**ne**tti per fa**wo**re]

Bestellen

Herr Ober, bitte!	Cameriere, prego! [kame**rje**re **prä**go]
Die Speisekarte/Tageskarte/ Getränkekarte/Weinkarte/ Eiskarte bitte!	Il menù/menù del giorno/menù delle bevande/ menù del vino/menù dei gelati prego! [il me**nu**/me**nu** del **dschor**no/me**nu** **de**lle be**wan**de/ me**nu** del **wi**no/me**nu** **de**i dsche**la**ti **prä**go]
Was empfehlen Sie mir?	Che cosa mi consiglia? [ke **ko**sa mi kon**si**lja]
Ich möchte/Ich nehme	**Io vorrei/Io prendo** [io wo**rrei**/io **pren**do]
eine Suppe	una zuppa [**u**na **zu**ppa]
das Tagesgericht	il menù del giorno [il me**nu** del **dschor**no]
das Menü Nummer eins/ zwei	il menù numero uno/due [il me**nu** **nu**mero **u**no/**du**e]
das hier	questo quì [**kwes**to kwi]
als Vorspeise/Hauptspeise/ Nachspeise.	come antipasto/pasto principale/dessert. [**ko**me anti**pas**to/**pas**to printschi**pa**le/de**sser**]
Was sind die für die Region typischen Gerichte?	Quali sono i piatti tipici della regione? [**kwa**li **so**no i **pja**tti **ti**pitschi **de**lla re**dscho**ne]
Ich möchte bitte Nudeln/Reis statt Pommes frites.	Io vorrei pasta/riso invece delle patatine fritte. [io wo**rrei** **pas**ta/**ri**so in**we**tsche **de**lle pata**ti**ne **fri**tte]

Ohne Frühstück aus dem Haus

Ein gemeinsames Familienfrühstück, wie Sie es von zu Hause kennen, gibt es in Italien nicht. Bevor die Kinder zur Schule gehen, gibt es ein Glas warmer Milch und ein paar Kekse. Die Männer frühstücken auf ihrem Weg zur Arbeit in einer der unzähligen Bars, die in ganz Italien – ob Nord oder Süd – zu finden sind. Hier trinken sie ihren *espresso* oder *cappuccino* und nehmen ein *cornetto* (Hörnchen) zu sich. Die Bar in Italien ist ein höchst wichtiger Ort der Kommunikation. Hier kann man aber auch, je nach Lokalität, telefonieren oder Zigretten kaufen. Nahezu jeder Italiener hat seine ganz persönliche Bar, in der er morgens frühstückt, in der Mittagspause *un toast* oder *un panino* (Sandwich) verspeist oder abends auf eine Fußballübertragung im Fernsehen vorbeischaut. Hier ist man niemals allein. Da es in Italien allgemein wenige öffentliche Toiletten gibt, bietet die Bar auch diesen Service. Zum guten Ton gehört es aber, daß man vorher eine Kleinigkeit bestellt.

Kleine Kaffeekunde

Ein italienischer *caffè* ist identisch mit einem Espresso. Üblicherweise wird er schwarz – mit viel Zucker – getrunken, wollen Sie ihn besonders stark, dann müssen Sie ihn *ristretto* bestellen. Wählen Sie einen *cappuccino*, dann bekommen Sie einen Espresso mit aufgeschäumter Milch; der eigentliche Milchkaffee wird als *caffè latte* meist im Glas oder in einer henkellosen Tasse serviert. Ein *espresso corretto* enthält einen Schuß Brandy.

Für das Kind/die Kinder bitte	**Per il bambino/i bambini** [per il bam**bi**no/i bam**bi**ni]
eine kleine Portion	una porzione piccola [**u**na por**zjo**ne **pi**kkola]
einen Kinderteller	un piatto per bambini [un **pja**tto per bam**bi**ni]
einen Extrateller	un piatto extra [un **pja**tto **ex**tra]
ein Extrabesteck.	posate extra. [po**sa**te **ex**tra]
Gibt es ein vegetarisches Gericht?	C'è una pietanza vegetale? [tschä **u**na pje**tan**za wed~~sehe~~**ta**le]
Ist dieses Gericht (sehr) scharf/süß/fett?	Questa pietanza è (molto) piccante/dolce/grassa? [**kwes**ta pje**tan**za ä (**mol**to) pi**kkan**te/**dol**tsche/**gra**ssa]
Zu trinken möchte ich/möchten wir, bitte	**Prego, vorrei/vorremmo da bere** [**prä**go wor**rei**/wor**re**mmo da **be**re]
ein Glas	un bicchiere [un bi**kkje**re]
eine Flasche	una bottiglia [**u**na bo**tti**lja]
ein Viertel	un quarto [un **kwar**to]
einen halben Liter/einen Liter Rot-/Weißwein.	mezzo litro/un litro di vino rosso/bianco. [**me**zzo **li**tro/un **li**tro di **wi**no **ro**sso/**bjan**ko]
Haben Sie auch offenen Wein?	Avete anche vini aperti? [a**we**te **an**ke **wi**ni a**per**ti]
Danke, das ist alles.	Grazie, questo è tutto. [**gra**zje **kwes**to ä **tu**tto]
Kann ich noch ... haben?	**Posso avere ancora** [**po**sso a**we**re an**ko**ra]
etwas Brot	del pane [del **pa**ne]
ein Bier	una birra? [**u**na **bi**rra]
Guten Appetit!	Buon appetito! [bu**on** appe**ti**to]
Prost!/Auf Ihr Wohl!	Salute!/Alla Sua salute! [sa**lu**te/**a**lla **su**a sa**lu**te]
Darf ich rauchen?	Posso fumare? [**po**sso fu**ma**re]

Reklamieren

Das habe ich nicht bestellt!	Questo non l'ho ordinato! [**kwes**to non lo ordi**na**to]
Es tut mir leid, aber	**Mi dispiace, ma** [mi dis**pja**tsche ma]
die Suppe/das Essen ist kalt	la zuppa/il cibo è freddo [la **zu**ppa/il **tschi**bo ä **fre**ddo]
das Fleisch ist zäh/ist nicht durch.	la carne è dura/non è cotta bene. [la **kar**ne ä **du**ra/non ä **ko**tta **be**ne]

Es fehlt noch/ Bringen Sie uns noch	**Manca ancora/Ci porti ancora** [**man**ka an**ko**ra/tschi **por**ti an**ko**ra]
Besteck	posate [po**sa**te]
ein Messer/eine Gabel	un coltello/una forchetta [un kol**te**llo/**u**na for**ke**tta]
einen kleinen Löffel	un cucchiaino [un kukkja**i**no]
einen Teller	un piatto [un **pja**tto]
ein Glas	un bicchiere [un bi**kkje**re]
Essig und Öl	aceto e olio [a**tsche**to e **o**ljo]
Salz und Pfeffer	sale e pepe [**sa**le e **pe**pe]
einen Aschenbecher	un portacenere [**un** porta**tsche**nere]
Servietten	tovaglioli [towa**ljo**li]
Zahnstocher.	stuzzicadenti. [stuzzika**den**ti]
Haben Sie mein Essen/ Getränk vergessen?	Ha dimenticato la mia pietanza/bevanda? [a dimenti**ka**to la **mi**a pje**tan**za/be**wan**da]
Ich glaube, die Rechnung stimmt nicht.	Io credo che il conto non sia preciso. [**io** **kre**do ke il **kon**to non sja pre**tschi**so]
Was ist das?	Cosa è questo? [**ko**sa ä **kwes**to]
Das habe ich nicht gehabt!	Questo non l'ho avuto! [**kwes**to non lo a**wu**to]

Bezahlen

Die Rechnung bitte!	Il conto per favore! [il **kon**to per fa**wo**re]
Ich zahle alles zusammen.	Pago tutto insieme. [**pa**go **tu**tto in**sje**me]
Wir zahlen getrennt.	Paghiamo separatamente. [pa**gja**mo separata**men**te]
Ich möchte eine Quittung, bitte.	Vorrei una ricevuta, prego. [wo**rre**i **u**na ritsche**wu**ta **prä**go]
Hat es geschmeckt?	È piaciuto? [ä pja**tschu**to]
Waren Sie zufrieden?	Sono soddisfatti? [**so**no soddis**fa**tti]
Danke, es war sehr gut.	Grazie, è stato molto buono. [**gra**zje ä **sta**to **mo**lto bu**o**no]
Das ist für Sie.	Questo è per lei. [**kwes**to ä per **läi**]
Stimmt so!	Va bene così! [wa **be**ne ko**si**]

Essen wie bei Muttern

Ein Tip für Freunde einheimischer Küche sind die zahlreichen Trattorie und Osterie, wo man sozusagen im Familienkreis ißt. Die Wirtsfamilie serviert in der Regel regionale, für den Landstrich typische Hausmannskost. Hier gibt es keine Pizza, sondern frische Ware je nach Saison. Meistens steht *la mamma* hinter dem Herd und dirigiert ihre Familie. In jeder Rosticceria oder Tavola calda (eine Art Imbißbude, wo man auch im Stehen ißt) können Sie eine kleine warme Mahlzeit für zwischendurch einnehmen, so beispielsweise Pizzaschnitten oder Calzone, eine Art gefüllte Teigtasche mit Käse, Pilzen, Tomaten, Artischocken und Schinken, die in Öl ausgebacken wird.

Die Speisekarte

Colazione	**Frühstück**
Burro [**bur**ro]	Butter
Cacao [ka**kao**]	Kakao
Caffè [ka**ffä**]	Kaffee
con dolcificante [kon doltschifi**kan**te]	mit Süßstoff
con/senza latte [kon/**sen**za **lat**te]	mit/ohne Milch
con zucchero [kon **zuk**kero]	mit Zucker
senza caffeina [**sen**za kaff**ei**na]	koffeinfrei
Formaggio [for**madscho**]	Käse
Jogurt [**jo**gurt]	Joghurt
Latte (caldo/freddo) [**lat**te (**kal**do/**fred**do)]	(warme/kalte) Milch
Marmellata [marmel**la**ta]	Marmelade
Miele [**mje**le]	Honig
Pane [**pa**ne]	Brot
Pane integrale [**pa**ne inte**gra**le]	Vollkornbrot
Panini [pa**ni**ni]	Brötchen
Tè [tä]	Tee
alla menta [**al**la **men**ta]	Pfefferminztee
alle erbe [**al**le **är**be]	Kräutertee
con limone [kon li**mo**ne]	mit Zitrone
Toast [**to**st]	Toast
Uovo [u**o**wo]	Ei
Uovo à la coque [uowo a la kock]	weichgekochtes Ei
Merende	**Kleine Mahlzeiten**
Panino [pa**ni**no]	Sandwich
Toast [**to**st]	Toast
con formaggio [kon for**madscho**]	mit Käse
con prosciutto [kon pro**schu**tto]	mit Schinken
con salame [kon sa**la**me]	mit Salami
Antipasti	**Vorspeisen**
Antipasto misto [anti**pa**sto **mi**sto]	gemischte Vorspeise
Antipasto nostrano [anti**pa**sto nos**tra**no]	Vorspeise nach Art des Hauses
Caprese [ka**pre**se]	Tomaten mit Mozzarella
Cocktail di gamberetti [**ko**ktail di gambe**ret**ti]	Krabbencocktail
Crostoni di funghi [kro**sto**ni di **fun**gi]	gefüllte Pilze auf geröstetem Brot
Giardiniera [dschardin**je**ra]	verschiedenes eingelegtes Gemüse
Insalata di frutti di mare [insa**la**ta di **fru**tti di **ma**re]	Meeresfrüchtesalat
Lumache [lu**ma**ke]	Weinbergschnecken
Minestre	**Suppen**
Brodo (con uovo) [**bro**do (kon u**o**wo)]	Bouillon (mit Ei)
Minestrone [mine**stro**ne]	Gemüsesuppe
Pastina in brodo [pa**sti**na in **bro**do]	Nudelsuppe
Stracciatella [stratscha**tel**la]	klare Brühe mit gequirltem Ei

Pasta e riso	**Nudel- und Reisgerichte**
Cannelloni ripieni [kanne**llo**ni ri**pje**ni]	gefüllte Cannelloni
Fettuccine ai quattro formaggi [fettu**tschi**ne **a**i **kwa**ttro for**ma**dschi]	Bandnudeln mit vier Käsesorten
Fettuccine alla Fiorentina [fettu**tschi**ne **a**lla fjoren**ti**na]	Bandnudeln mit Spinatsoße
Maccheroni ai calamari [makke**ro**ni **a**i kala**ma**ri]	Makkaroni mit Tintenfischsoße
Penne al pomodoro [**pe**nne al pomo**do**ro]	Penne mit Tomatensoße
Ravioli [ra**wio**li]	gefüllte Teigtaschen mit Soße
Rigatoni alla Carrettiera [riga**to**ni **a**lla karrett**je**ra]	Rigatoni mit Fleisch, Thunfisch und Pilzen
Rigatoni alla contadina [riga**to**ni **a**lla konta**di**na]	Rigatoni nach Bauernart mit Tomaten, Oliven, Kapern
Risi e bisi [**ri**si e **bi**si]	Reis mit Erbsen
Risotto Milanese [ri**so**tto mila**ne**se]	Klassisches Reisgericht mit Safran
Spaghetti [spa**ge**tti]	Spaghetti
all'Amatriciana [allamatri**tscha**na]	mit Tomatensoße und Speck
alla Bolognese [**a**lla bolo**nje**se]	mit Fleischsoße
alla carbonara [**a**lla karbo**na**ra]	mit Eiern und Speck
alla marinara [**a**lla mari**na**ra]	mit Fisch und Meeresfrüchten in Tomatensoße
alla palermitana [**a**lla palermi**ta**na]	mit Auberginen
Tortellini alla panna [torte**lli**ni **a**lla **pa**nna]	Tortellini mit Sahnesoße

Pesci e frutti di mare	**Fische und Meeresfrüchte**
Calamari alla griglia [kala**ma**ri **a**lla **gri**lja]	Tintenfisch vom Grill
Calamari fritti [kala**ma**ri **fri**tti]	Tintenfisch fritiert
Calamari ragù [kala**ma**ri ra**gu**]	Tintenfisch in Tomatensoße
Cozze al vino bianco [**ko**zze al **wi**no **bjan**ko]	Miesmuscheln in Weißwein
Grigliata mista di pesce [gril**ja**ta **mis**ta di **pe**sche]	gemischte Fischplatte vom Grill
Misto di frutti di mare al naturale [**mi**sto di **fru**tti di **ma**re al natu**ra**le]	gemischte Meeresfrüchte im eigenen Saft
Salmone alla pizzaiola [sal**mo**ne **a**lla pizza**jo**la]	Lachs in Tomatensoße mit Kräutern
Scampi alla griglia [**skam**pi **a**lla **gri**lja]	Riesengarnelen vom Grill
Sogliola alla griglia [**so**ljola **a**lla **gri**lja]	Seezunge vom Grill
Zuppa di pesce all'alloro [**zu**ppa di **pe**sche alla**llo**ro]	Fischsuppe mit Lorbeer, Tomaten und Kräutern

Pizze	**Pizzas**
Calzone [kal**zo**ne]	Taschenpizza, gefüllt mit Tomaten, Käse, Pilzen, Artischocken, Schinken
Capricciosa [kapri**tscho**sa]	mit vielerlei Zutaten
Margherita [marge**ri**ta]	mit Tomaten und Mozzarella
Marinara [mari**na**ra]	mit Tomaten, Käse und Meeresfrüchten

Prosciutto [pro**schu**tto]	mit Tomaten, Käse und Vorderschinken
Quattro stagioni [**kwa**ttro sta**dseho**ni]	mit Tomaten, Käse, Paprika,Vorderschinken, Oliven und Champignons
Romana [ro**ma**na]	mit Sardellen
Salame [sa**la**me]	mit Tomaten, Käse und Salami
Carni	**Fleisch**
Carne alla pizzaiola [**kar**ne **a**lla pizza**jo**la]	Rindfleisch in Tomatensoße
Costata alla boscaiola [ko**sta**ta **a**lla boska**jo**la]	Lendenschnitte mit Pilzen in Rahmsoße
Cotoletta Bolognese [koto**lä**tta bolo**nje**se]	paniertes Schnitzel mit Käse und Schinken überbacken
Cotoletta Milanese [koto**lä**tta mila**ne**se]	paniertes Schnitzel
Filetto alla griglia [fi**lä**tto **a**lla **gri**lja]	Rinderfilet vom Grill
Lombatina di maiale alla panna [lomba**ti**na di ma**ja**le **a**lla **pa**nna]	Schweinelendchen in Rahmsoße
Ossobuco [osso**bu**ko]	Kalbshaxe
Rosbif [**ros**bif]	geschmortes Rinderfilet
Saltimbocca alla Romana [saltim**bo**kka **a**lla ro**ma**na]	Lendchen mit Schinken und Salbei in Weinsoße
Scaloppine al limone [skalo**ppi**ne al li**mo**ne]	Kalbsmedaillons in Zitronensoße
Scaloppine al pepe [skalo**ppi**ne al **pe**pe]	Kalbsmedaillons in Gorgonzolasoße mit verschiedenen Pfeffersorten
Spezzatino [spezza**ti**no]	Fleischstücke mit Tomaten und Kartoffeln gebacken
Vitello trifolato [wi**tä**llo trifo**la**to]	Kalbsgeschnetzeltes mit Pilzen in Rahmsoße
Selvaggina, pollame	**Wild, Geflügel**
Anatra all'arancia [**a**natra alla**ran**tscha]	Flugente mit Orangen-Ingwer-Soße
Cinghiale arrosto con carciofi e olive [tschin**gja**le a**rro**sto kon kar**tscho**fi e o**li**we]	Wildschweinbraten mit Artischocken und Oliven
Fagiano arrosto con funghi misti [fa**dseha**no a**rro**sto kon **fun**gi **mi**sti]	Fasanbraten mit verschiedenen Pilzen
Filetto di lepre in mantello di verza con funghi [fi**lä**tto di **lä**pre in man**tä**llo di **wer**za kon **fun**gi]	Hasenfilet in Wirsingblättern mit Pilzen
Lombata di cervo con verdure primavera [lom**ba**ta di **tscher**wo kon wer**du**re prima**we**ra]	Hirschlende auf verschiedenen Gemüsen
Pernice al vino bianco [per**ni**tsche al **wi**no **bjan**ko]	Rebhuhn in Weißweinsoße
Pollo arrosto [**po**llo a**rro**sto]	Hähnchen gebraten
Quaglia alla cacciatora [**kwa**lja **a**lla katscha**to**ra]	Wachtel nach Jägerart mit Tomatensoße, Pilzen und Knoblauch

Contorni	**Beilagen**
Broccoli [**bro**kkoli]	Brokkoli
Fagiolini [fadsch**o**li**ni**]	Brechbonen
Finocchio [fi**no**kkjo]	Fenchel
Insalata di pomodori [insa**la**ta di pomo**do**ri]	Tomatensalat
Insalata mista [insa**la**ta **mis**ta]	gemischter Salat
Insalata verde [insa**la**ta **wer**de]	grüner Salat
Patatine fritte [pata**ti**ne **fri**tte]	Pommes frites

▶ **(Obst und Gemüse siehe Seite 62 f.)**

Formaggi	**Käse**
Asiago [as**ja**go]	schnittfester Käse aus der Umgebung von Asiago
Caciocavallo [katschoka**wa**llo]	Käse in Kugelform aus Süditalien
Gorgonzola [gorgon**zo**la]	Blauschimmelkäse
Mozzarella [mozza**rä**lla]	Weichkäse aus Büffel- oder Kuhmilch
Parmigiano [parmi**dscha**no]	Hartkäse aus der Gegend um Parma
Pecorino [peko**ri**no]	aromatischer Schafskäse
Provola [**pro**wola]	geräucherter Frischkäse
Ricotta [ri**ko**tta]	eine Art Quark

Dessert	**Dessert**
Bignè all'amaretto [bi**njä** allama**rä**tto]	Amaretto-Windbeutel
Cannoli Siciliani [ka**nno**li sitschil**ja**ni]	sizilianische Röllchen
Cassata [ka**ssa**ta]	Eisbombe mit Früchten
Coppa di melone [**ko**ppa di me**lo**ne]	Melonensalat
Favette [fa**we**tte]	fritiertes Gebäck
Frutta di stagione [**fru**tta di sta**dscho**ne]	Früchte der Saison
Gelato [dsche**la**to]	Eis
Macedonia [matsche**do**nja]	Fruchtsalat
Panna cotta [**pa**nna **ko**tta]	Sahnedessert
Tortine alla frutta [tor**ti**ne **a**lla **fru**tta]	glasierte Früchtetorteletts
Zabaione [zaba**jo**ne]	Marsalacreme

Gelati	**Eis**
Gelato al cioccolato [dsche**la**to al tschokko**la**to]	Schokoladeneis
Gelato al cocco [dsche**la**to al **ko**kko]	Kokoseis
Gelato al mandarino [dsche**la**to al manda**ri**no]	Mandarineneis
Gelato al pistacchio [dsche**la**to al pi**sta**kkjo]	Pistazieneis
Gelato alla banana [dsche**la**to **a**lla ba**na**na]	Bananeneis
Gelato alla vaniglia [dsche**la**to **a**lla wa**ni**lja]	Vanilleeis
Gelato alle castagne [dsche**la**to **a**lle ka**sta**nje]	Kastanieneis
Gelato alle mandorle [dsche**la**to **a**lle **man**dorle]	Mandeleis
Meringhe ripiene di gelato [me**rin**ge rip**je**ne di dsche**la**to]	Eiscreme-Baisers

Sorbetti alla frutta [sor**bä**tti **a**lla **fru**tta]	Fruchteis
Sorbetto di albicocche [sor**bä**tto di albi**ko**kke]	Aprikoseneis
Sorbetto di ananas [sor**bä**tto di **a**nanas]	Ananaseis
Sorbetto di anguria [sor**bä**tto di an**gu**rja]	Wassermeloneneis
Sorbetto di fragole [sor**bä**tto di **fra**gole]	Erdbeereis
Sorbetto di limoni [sor**bä**tto di li**mo**ni]	Zitroneneis
Tartufo [tar**tu**fo]	Eisspezialität

Die Getränkekarte

Bevande alcooliche	**Alkoholische Getränke**
Acquavite [akwa**wi**te]	Schnaps
Aperitivo [aperi**ti**wo]	Aperitif
Cognac [**ko**njak]	Kognak
Birra [**bi**rra]	Bier
alla spina [**a**lla **spi**na]	vom Faß
chiara/scura [**kja**ra/**sku**ra]	helles/dunkles
senza alcool [**sen**za alk**oo**l]	alkoholfreies
Gin [dschin]	Gin
Liquore [li**kwo**re]	Likör
Pònce [**pon**tsch]	Punsch
Rum [rum]	Rum
Scerri [**sche**rri]	Sherry
Spumante [spu**man**te]	Sekt
Vermut [**wer**mut]	Wermut
Vino [**wi**no]	Wein
amabile/dolce [a**ma**bile/**dol**tsche]	lieblich/süß
bianco/rosso/rosato [**bjan**ko/**ro**sso/ro**sa**to]	weiß/rot/rosé
secco/mezzo secco [**se**kko/**me**zzo **se**kko]	trocken/halbtrocken
Vino porto [**wi**no **por**to]	Portwein
Whisky [**wi**ski]	Whisky
con ghiaccio [kon **gja**tscho]	mit Eis
soda [**so**da]	-Soda
Bevande rinfrescanti	
Acqua [**a**kwa]	Wasser
Acqua minerale [**a**kwa mine**ra**le]	Mineralwasser
gasata [ga**sa**ta]	mit Kohlensäure
naturale [natu**ra**le]	ohne Kohlensäure
Aranciata [aran**tscha**ta]	Orangenlimonade
Frappé [fra**ppe**]	Milchmixgetränk
Latte [**la**tte]	Milch
Limonata [limo**na**ta]	Zitronenlimonade
Succo di arancia [**su**kko di a**ran**tscha]	Orangensaft
spremuta fresca [spre**mu**ta **fres**ka]	frischgepreßt
Succo di frutta [**su**kko di **fru**tta]	Fruchtsaft

▶ **(Warme Getränke siehe Frühstück, S. 44.)**

Wie ein weißes Marmorgebirge baut sich der Mailänder Dom, il Duomo, inmitten der Stadt auf

Besichtigung

Touristeninformation

Gibt es hier	**Cè qui** [tschä kwi]
ein Fremdenverkehrsamt	un ufficio di informazioni turistiche [un u**ffi**tscho di informa**zjo**ni tu**ris**tike]
eine Informationsstelle	un ufficio informazioni [un u**ffi**tscho informa**zjo**ni]
organisierte Führungen	una guida organizzata [**u**na **gui**da organi**zza**ta]
Stadtrundfahrten?	un giro della città? [un **dsch**iro **de**lla tschi**tta**]
Haben Sie	**Ha** [a]
einen Stadtplan	una carta topografica della città [**u**na **kar**ta topo**gra**fika **de**lla tschi**tta**]
eine Karte der Innenstadt/der Umgebung	una carta del centro/dei dintorni [**u**na **kar**ta del **tschen**tro/**de**i din**tor**ni]
einen U-Bahnplan	un piano orario della metropolitana [un **pja**no **o**rario **de**lla metropoli**ta**na]
Prospektmaterial	prospetti [pro**spe**tti]
ein Hotelverzeichnis	un elenco degli hotel [un e**len**ko **de**lji o**tel**]
ein Restaurantverzeichnis	un elenco dei ristoranti [un e**len**ko **de**i risto**ran**ti]
einen Veranstaltungskalender	un programma delle manifestazioni [un pro**gra**mma **de**lle manifesta**zjo**ni]
für diese Woche/für die Festwochen?	per questa settimana/per le settimane festive? [per **kwes**ta setti**ma**na/per le setti**ma**ne fes**ti**we]
Können Sie für mich ein Zimmer reservieren?	Può riservarmi una camera? [pu**o** riser**war**mi **u**na **ka**mera]

Besichtigung

Abtei	badia [ba**di**a]
Altar	altare [al**ta**re]
Altstadt	centro storico [**tschen**tro **sto**riko]
antik	antico [an**ti**ko]
Architektur	architettura [arkitet**tu**ra]
Arena	arena [a**re**na]
Ausgrabungen	scavi [**ska**wi]
Aussicht	vista [**wis**ta]
barock	barocco [ba**ro**kko]
Bauwerk	edificio [edi**fi**tscho]
Berg	montagna [mon**ta**nja]
Bibliothek	biblioteca [bibljo**te**ka]
Bild	quadro [**kwa**dro]
Botanischer Garten	giardino botanico [dschar**di**no bo**ta**niko]
Brauchtum	usanze [u**san**ze]
Brücke	ponte [**pon**te]
Burg	castello [ka**ste**llo]
christlich	cristiano [kri**stja**no]
Dach	tetto [**te**tto]
Deckenmalerei	affresco su soffitto [a**ffres**ko su so**ffi**tto]
Fassade	facciata [fa**tscha**ta]
Festung	fortezza [for**te**zza]
Fremdenführer	guida straniera [guida stra**nje**ra]
Friedhof	cimitero [tschimi**te**ro]
Fußgängerzone	zona pedonale [**zo**na pedo**na**le]
Garten	giardino [dschar**di**no]
Gasse	vicolo [**wi**kolo]
Gebäude	edificio [edi**fi**tscho]
Gedenkstätte	luogo commemorativo [lu**o**go kommemora**ti**wo]
Gemälde(galerie)	(galleria di) quadri [(galle**ri**a di) **kwa**dri]
Geschichte	storia [**sto**rja]
Glas	vetro [**we**tro]
gotisch	gotigo [**go**tigo]
Gottesdienst	messa [**me**ssa]
Grab(mal)	tomba [**tom**ba]
Grotte	grotta [**gro**tta]
Hafen	porto [**por**to]
Höhle	caverna [ka**wer**na]
Inschrift	iscrizione [iskri**zjo**ne]
Insel	isola [**i**sola]
Jahrhundert	secolo [**se**kolo]
Kaiser	imperatore [impera**to**re]
Kaiserin	imperatrice [impera**tri**tsche]

Kapelle	cappella [ka**ppe**lla]
Katakomben	catacombe [kata**kom**be]
Kloster	convento [kon**wen**to]
König/Königin	re/regina [re/re**dschi**na]
Kreuz	croce [**kro**tsche]
Kreuzgang	via crucis [**wia** **kru**tschis]
Künstler(in)	artista [ar**tis**ta]
Kunst	arte [**ar**te]
Kunstgewerbe	artigianato [artidscha**na**to]
Landschaft	paesaggio [pae**sa**dscho]
Malerei	pittura [pi**ttu**ra]
Markt	mercato [mer**ka**to]
mittelalterlich	medioevale [medioe**wa**le]
Moschee	moschea [mo**ske**a]
Nationalpark	parco nazionale [**par**ko nazjo**na**le]
Naturschutzgebiet	zona protetta [**zo**na pro**te**tta]
Orgel	organo [**or**gano]
Original	originale [oridschi**na**le]
Park	parco [**par**ko]
Plastik	scultura [skul**tu**ra]
Platz	piazza [**pja**zza]
prähistorisch	preistorico [präi**sto**riko]
Rathaus	municipio [muni**tschi**pjo]
Relief	rilievo [ri**lie**wo]
Religion	religione [reli**dscho**ne]
Renaissance	rinascimento [rinaschi**men**to]
restaurieren	restaurare [restau**ra**re]
romanisch	romanico [ro**ma**niko]
Ruine	rovina [ro**wi**na]
Rundblick	panorama [pano**ra**ma]
Schlucht	burrone [bu**rro**ne]
See	lago [**la**go]
Skulptur	scultura [skul**tu**ra]
Stadtmauer	mura della città [**mu**ra **de**lla tschi**tta**]
Statue	statua [**sta**tua]
Tal	valle [**wa**lle]
Tempel	tempio [**tem**pjo]
Theater	teatro [te**a**tro]
Tor	portone [por**to**ne]
Turm	torre [**to**rre]
Wald	bosco [**bo**sko]
Wasserfall	cascata [ka**ska**ta]
Weingut	vigneto [wi**nje**to]
Weinprobe	assaggio di vino [a**ssa**dscho di **wi**no]
Zeichnung	disegno [di**se**njo]
Zoo	zoo [**zoo**]

Welche Sehenswürdigkeiten gibt es hier?	Quali bellezze ci sono qui da vedere? [**kwa**li bel**lez**ze tschi **so**no kwi da we**de**re]

Sehenswertes

Ich möchte/Wir möchten ... besichtigen.	**Io vorrei/Noi vorremmo vedere** [io wor**rei**/**noi** wor**rem**mo we**de**re]
die Kathedrale/die Kirche	la cattedrale/la chiesa [la katte**dra**le/la **kie**sa]
den Palast	il palazzo [il pa**laz**zo]
das Schloß	il castello. [il ka**stel**lo]
Wann ist die Ausstellung/das Museum geöffnet?	Quando è aperta la mostra/il museo? [**kwan**do ä a**per**ta la **mo**stra/il mu**se**o]
Gibt es eine (deutsche/englische) Führung?	C'è una guida (tedesco/inglese)? [tschä **u**na **gui**da (te**des**ko/in**gle**se)]
Wann beginnt sie?/Was kostet sie?	Quando comincia?/Quanto costa? [**kwan**do ko**min**tscha/**kwan**to **kos**ta]
Wie lange dauert sie?	Quanto dura? [**kwan**to **du**ra]
1 Karte/2 Karten bitte, für Erwachsene/Kinder.	Uno biglietto/Due biglietti, per adulti/bambini. [**u**no bil**jet**to/**du**e bil**jet**ti per a**dul**ti/bam**bi**ni]
Gibt es eine Ermäßigung für Kinder/Studenten/Senioren?	C'è uno sconto per bambini/studenti/anziani? [tschä **u**no **skon**to per bam**bi**ni/stu**den**ti/an**zja**ni]
* Chiuso per rinnovo. [**kju**so per rin**no**wo]	Wegen Renovierung geschlossen.
* Fotografieren verboten!	Vietato fotografare! [wje**ta**to fotogra**fa**re]
Darf ich hier filmen?	Posso fare qui riprese video? [**pos**so **fa**re kwi ri**pre**se **wi**deo]
Haben Sie einen Katalog/einen Führer in deutscher/englischer Sprache?	Avete un catalogo/una guida in lingua tedesca/inglese? [a**we**te un ka**ta**logo/**u**na guida in **lin**gua te**des**ka/in**gle**se]

Ausflüge

Wieviel kostet die Fahrt nach ...?	Quanto costa il viaggio per ...? [**kwan**to **ko**sta il **wja**dscho per]
Ist das Essen/Sind die Eintrittspreise extra zu bezahlen?	Il vitto/I biglietti di entrata sono da pagare extra? [il **wit**to/i bil**jet**ti **so**no da pa**ga**re **ex**tra]
Bitte 2 Plätze für den Ausflug nach ..., heute/morgen/um 10 Uhr.	Prego due posti per la gita a ..., oggi/domani/alle ore dieci. [**prä**go **due** **pos**ti per la **dschi**ta a ..., **o**dschi/do**ma**ni/**al**le ore **dje**tschi]
Wann/Wo ist der Treffpunkt?	Quando/Dove è il posto di incontro? [**kwan**do/**do**we ä il **po**sto di in**kon**tro]
Wann kommen wir zurück?	Quando ritorniamo? [**kwan**do ritor**nja**mo]
Haben wir	**Abbiamo** [ab**bja**mo]
Zeit für Einkäufe	tempo per le spese [**tem**po per le **spe**se]
freie Zeit zur Verfügung?	tempo libero a disposizione? [**tem**po **li**bero a disposi**zjo**ne]
Besichtigen wir auch ...?	Visitiamo anche ...? [wisi**tja**mo **an**ke]

Dolcefarniente an Italiens kilometerlangen Sandstränden

Urlaub aktiv

Am Strand, im Schwimmbad

Gibt es hier	**C'è qui** [tschä kwi]
ein Frei-/Hallenbad	una piscina libera/coperta [**u**na pi**schi**na **li**bera/ko**per**ta]
einen Bootsverleih?	un'affittabarche? [unaffitta**bar**ke]
Ist die Strömung (für Kinder) gefährlich?	La corrente è pericolosa (per bambini)? [la ko**rren**te ä periko**lo**sa (per bam**bi**ni)]
Gibt es Quallen/Seeigel im Wasser?	Ci sono meduse/ricci in acqua? [tschi **so**no me**du**se/**ri**tschi in **a**kwa]
Ich möchte/Wir möchten ... mieten.	**Io vorrei/Noi vorremmo affittare** [io wo**rrei**/**noi** wo**rre**mmo affi**tta**re]
ein (Tret-/Motor-/Ruder-/ Segel-)Boot	una barca (a pedale/motore/remi/vela) [**u**na **bar**ka (a pe**da**le/mo**to**re/**re**mi/**we**la)]
einen Liegestuhl	una sedia a sdraio [**u**na **se**dja a **sdra**jo]
ein Surfbrett	una tavola da surf [**u**na **ta**wola da sörf]
Wasserski	sci da acqua. [schi da **a**kwa]
Was kostet das	**Quanto costa** [**kwan**to **kos**ta]
pro halbe Stunde	per mezzora [per me**zzo**ra]
pro Tag	al giorno [al **dschor**no]
für eine Woche?	per una settimana? [per **u**na setti**ma**na]
Gibt es hier	**Ci sono qui** [tschi **so**no kwi]
Segelkurse/-schulen	corsi/scuole per vela [**kor**si/sku**o**le per **we**la]
Surfkurse/-schulen?	corsi/scuole per surf? [**kor**si/sku**o**le per sörf]
Ich bin Anfänger/ Fortgeschrittener.	Io sono principiante/pratico. [io **so**no printschi**pjan**te/**pra**tiko]

Warnschilder

Avviso di tempesta	Sturmwarnung
Pericoloso	Gefährlich!
Solo per nuotatori	Nur für Schwimmer!
Vietato fare il bagno	Baden verboten!
Vietato tuffarsi	Hineinspringen verboten!

Sportarten

Gibt es hier	**C'è/Ci sono** [tschä/tschi **so**no]
Fahrräder zu mieten	biciclette da affittare [bitschi**kle**tte da affi**tta**re]
einen (Mini-)Golfplatz	un campo per (mini)golf [un **kam**po per (**mi**ni)golf]
einen Tennisplatz?	un campo da tennis? [un **kam**po da **te**nnis]
Wo kann man hier	**Dove è possibile qui** [**do**we ä pos**si**bile kwi]
kegeln/reiten	giocare a birilli/cavalcare [dscho**ka**re a bi**ri**lli/kawal**ka**re]
Squash/Tischtennis/Tennis spielen?	giocare a squash/tennis da tavolo/tennis? [dscho**ka**re a skwosch/**te**nnis da ta**wo**lo/**te**nnis]
Darf man hier angeln/baden?	Si può pescare/fare il bagno qui? [si pu**ò** pes**ka**re/**fa**re il **ba**njo kwi]
Ich möchte/Wir möchten ... ausleihen.	**Io vorrei/Noi vorremmo affittare** [io wor**rei**/**noi** wor**re**mmo affi**tta**re]
Langlaufski/Abfahrtski	sci da fondo/sci da discesa [schi da **fon**do/schi da di**sche**sa]
Schlittschuhe	pattini [**pa**ttini]
einen Tennisschläger	una racchetta da tennis. [**u**na ra**kke**tta da **te**nnis]
Spielen Sie Schach?	Gioca a scacchi? [**dscho**ka a **ska**kki]
Kann ich mitspielen?	Posso giocare anche io? [**po**sso dscho**ka**re **an**ke **io**]

Natur, Umwelt, Erlebnisreisen

Wir möchten	**Noi vorremo** [**noi** wor**re**mmo]
radwandern	fare un'escursione con la bicicletta [**fa**re uneskur**sjo**ne kon la bitschi**kle**tta]
eine Bergtour machen	fare un giro in montagna [**fa**re un **dschi**ro in mon**ta**nja]
wandern	fare un'escursione [**fa**re uneskur**sjo**ne]
durch das Naturschutzgebiet	attraverso il territorio protetto [attra**wer**so il terri**to**rio pro**tä**tto]
durch den Nationalpark.	attraverso il parco nazionale. [attra**wer**so il **par**ko nazjo**na**le]

Haben Sie eine Wanderkarte?
Ha/Avete [a/a**we**te] una mappa per escursioni? [**u**na **ma**ppa per eskur**sjo**ni]

Ist die Tour leicht/schwer / gut markiert / für Kinder geeignet?
La gita è [la **dsehi**ta ä] semplice/difficile [**sem**plitsche/dif**fi**tschile] / ben segnata [ben se**nja**ta] / adatta per bambini? [a**da**tta per bam**bi**ni]

Wie lange dauert die Tour?
Quanto dura la gita? [**kwan**to **du**ra la **dsehi**ta]

Ist dies der richtige Weg nach ...?
È questa la strada giusta per ...? [ä **kwes**ta la **stra**da **dsehus**ta per]

Urlaub aktiv

Aerobic	aerobica [ae**ro**bika]
Ausritt	passeggiata a cavallo [passe**dseha**ta a ka**wa**llo]
Ball	palla [**pa**lla]
Basket	pallacanestro [pallaka**näs**tro]
Basketball	palla da basket [**pa**lla da **bas**ket]
Billiard	bigliardo [bil**jar**do]
Bucht	baia [**ba**ja]
Dusche	doccia [**do**tscha]
Federball	volano [wo**la**no]
Fitneßcenter	centro sportivo [**tschen**tro spor**ti**wo]
Gymnastik	ginnastica [dsehi**nnas**tika]
Jogging	jogging [**dseho**gging]
Lawinengefahr	pericolo di valanghe [pe**ri**kolo di wa**lan**ge]
Muscheln	conchiglie [kon**ki**lje]
Pferd	cavallo [ka**wa**llo]
Pony	pony [**po**ni]
Sauna	sauna [**sa**una]
Schatten	ombra [**om**bra]
Schlauchboot	gommone [go**mmo**ne]
Schlitten	slitta [**sli**tta]
Schlittschuh laufen	pattinare sul ghiaccio [patti**na**re sul **gja**tscho]
Schnee	neve [**ne**we]
Schnorcheln	sommozzare con il tubo [sommo**zza**re kon il **tu**bo]
Schwimmflossen	pinne [**pi**nne]
Schwimmflügel	braccioli [bra**tscho**li]
Sonnencreme	crema da sole [**kre**ma da **so**le]
Spielplatz	campo da gioco [**kam**po da **dseho**ko]
Stadion	stadio [**sta**dio]
Sturm	tempesta [tem**pes**ta]
Taucherausrüstung	attrezzatura da sommozzatore [attrezza**tu**ra da sommozza**to**re]
Umkleidekabine	cabina [ka**bi**na]
Volleyball	palla a volo [**pa**lla a **wo**lo]
Welle	onda [**on**da]

Wie weit ist es noch bis ...?	Quanto è ancora lontano fino a ...? [**kwan**to ä an**ko**ra lon**ta**no **fi**no a]

Reisen kreativ

Ich möchte ... belegen.	**Io vorrei iscrivermi a** [io wor**re**i is**kri**wermi a]
einen Sprachkurs	un corso di lingua [un **kor**so di **lin**gua]
einen Koch-/Malkurs	un corso di cucina/di pittura [un **kor**so di ku**tschi**na/di pit**tu**ra]
einen (Theater-/Tanz-) Workshop	un corso (di ballo/di teatro). [un **kor**so (di **ba**llo/di te**a**tro)]
Sind noch Plätze frei?	Ci sono ancora posti liberi? [tschi **so**no an**ko**ra **pos**ti **li**beri]
Wo findet der Kurs/das Seminar statt?	Dove si fa il corso/il seminario? [**do**we si fa il **kor**so/il semi**na**rjo]
Wieviele Teilnehmer hat der Kurs?	Quanti partecipanti ha il corso? [**kwan**ti partetschi**pan**ti a il **kor**so]
Wann beginnt/Wieviel kostet der Kurs?	Quando comincia/Quanto costa il corso? [**kwan**do ko**min**tscha/**kwan**to **kos**ta il **kor**so]
Gibt es eine Kinderbetreuung?	C'è un'assistenza per bambini? [tschä unassi**sten**za per bam**bi**ni]
Ich habe (gute) Vorkenntnisse.	Io ho (una buona) cognizione. [io o (**u**na bu**o**na) konji**zjo**ne]
Ich habe keine Vorkenntnisse.	Io non ho nessuna cognizione. [io non o ne**ssu**na konji**zjo**ne]

Die älteste Sporttageszeitung

Sport ist in Italien mehr als nur die wichtigste Nebensache der Welt. Das zeigt sich deutlich anhand der ältesten Tageszeitung der Welt mit ausschließlich sportlichen Themen – „La Gazzetta dello Sport". Die auf rosarotem Papier gedruckte Sportgazette wurde am 3. April 1996 hundert Jahre alt und ist ein nationales Heiligtum, das sich bei einer Auflage von 350 000 Exemplaren außerordentlich jung fühlt. „In Italien ist sie nicht bloß eine Zeitung, sondern zugleich emotionaler Bezugspunkt einer ganzen Nation – eben wie eine Mamma," so der Chefredakteur Candido Cannovò. An jedem Montag ist die „Gazzetta dello Sport" die meistgelesene und -diskutierte Tageszeitung des Landes. Dann gilt es das vergangene Fußballwochenende aufzuarbeiten. Damit Sie gegebenenfalls mitlesen und -reden können, hier ein kleiner Fußballwortschatz:

Abseits fuori di campo [fu**o**ri di **kam**po]
Aus fuori [fu**o**ri]
Elfmeter calcio di rigore [**kal**tscho di ri**go**re]
Ergebnis risultato [risul**ta**to]
Foul fallo [**fa**llo]
Fußballfan tifoso [ti**fo**so]
Halbzeit primo/secondo tempo [**pri**mo/se**kon**do **tem**po]
Mannschaft squadra [**skwa**dra]
Niederlage sconfitta [skon**fi**tta]
Schiedsrichter arbitro [**ar**bitro]
Sieg vittoria [wit**to**ria]
Spieler giocatore [d~~sch~~oka**to**re]
Stürmer attaccante [atta**kkan**te]
Tor goal [gol]
Torschützenkönig capocannoniere [kapokanno**nje**re]
Torwart portiere [por**tje**re]
unentschieden pareggio [pa**red**~~sch~~o]
Verteidiger difensore [difen**so**re]

Klassische Masken sind die große Attraktion beim Karnevalsspektakel in Venedig

Unterhaltung

Kino, Theater, Oper und Konzert

Welche Filme laufen heute/ morgen im Kino?	Quali film danno oggi/domani a cinema? [**kwa**li film **da**nno **od**schi/do**ma**ni a **tschi**nema]
Ist der Film	**Il film è** [il film ä]
synchronisiert	sincronizzato [sinkroni**zza**to]
in Originalversion mit Untertiteln?	in versione originale con sottotitolo? [in wer**sjo**ne oridschi**na**le kon sotto**ti**tolo]
Wann beginnt	**Quando comincia** [**kwan**do ko**min**tscha]
die Vorstellung	la presentazione [la presenta**zjo**ne]
der Hauptfilm	il film principale [il film printschi**pa**le]
das Konzert	il concerto [il kon**tscher**to]
die Matinee	la mattinata [la matti**na**ta]
die Ballettaufführung	la rappresentazione del balletto [la rappresenta**zjo**ne del ba**lle**tto]
das Kabarett	il cabaret [il kaba**ret**]
die Oper	l'opera [**lo**pera]
die Operette	l'operetta [lope**re**tta]
das Musical	il musical [il **mu**sikal]
die Theatervorstellung	la presentazione del teatro [la presenta**zjo**ne del te**a**tro]
der Kartenvorverkauf	la vendita anticipata dei biglietti [la **wen**dita antitschi**pa**ta **de**i bi**lje**tti]
für das Festival?	per il festival? [per il **fes**tiwal]

Im Theater

Centro Mitte	**Loggia** Loge
Destra rechts	**Platea** Parkett
Fila Reihe	**Posto** Platz
Gabinetti Toilette	**Prima/Seconda categoria** 1./2. Rang
Galleria Galerie	**Sinistra** links
Lato Seite	**Uscita di emergenza** Notausgang

Was wird ... gespielt?	**Che cosa si suona/si dà** [ke **ko**sa si su**o**na/si da]
heute/morgen abend	oggi/domani sera [**o**d~~sch~~i/do**ma**ni **se**ra]
dieses Wochenende	questo fine settimana [**kwes**to **fi**ne setti**ma**na]
im Theater	a teatro [a te**a**tro]
in der Oper	all'opera [al**lo**pera]
im Konzert	al concerto? [al kon**tscher**to]
Wo bekommt man/ Wieviel kosten die Karten?	Dove si ricevono/Quanto costano i biglietti? [**do**we si ri**tsche**wono/**kwan**to **ko**stano i bil**je**tti]
Gibt es noch Karten an der Abendkasse?	Ci sono ancora biglietti alla cassa? [tschi **so**no an**ko**ra bil**je**tti **a**lla **ka**ssa]
Gibt es verbilligte Karten?	Ci sono biglietti ridotti? [tschi **so**no bil**je**tti ri**do**tti]
* Tutto venduto. [**tu**tto wen**du**to]	Ausverkauft.
Bitte 2 Karten/Plätze	**Prego due biglietti/posti** [**prä**go **due** bil**je**tti/**pos**ti]
für die Vorstellung	per la rappresentazione [per la rappresenta**zjo**ne]
für das Konzert	per il concerto [per il kon**tscher**to]
heute/morgen abend	oggi/domani sera [**o**d~~sch~~i/do**ma**ni **se**ra]
um 20 Uhr.	alle ore venti. [**a**lle **o**re **wen**ti]
Wie lange dauert die Vorstellung?	Quanto dura la rappresentazione? [**kwan**to **du**ra la rappresenta**zjo**ne]
Ich möchte bitte ein Programm.	Io vorrei un programma. [io wo**rre**i un pro**gra**mma]
Gibt es eine Garderobe?	C'è un guardaroba? [tschä un guarda**ro**ba]

Diskothek, Bar und Nachtklub

Gibt es hier	**C'è qui** [tschä kwi]
eine Diskothek	una discoteca [**u**na disko**te**ka]
ein Tanzlokal	un locale da ballo [un lo**ka**le da **ba**llo]
eine (nette) Kneipe	una cantina (carina) [una kan**ti**na (ka**ri**na)]
eine Bar	un bar [un bar]
ein Spielkasino	un casinò [un kasi**no**]
mit (Live-)Musik?	con musica (live)? [kon **mu**sika (laif)]

Ist hier noch frei?	È ancora libero qui? [ä an**ko**ra **li**bero kwi]
Die Getränkekarte, bitte.	La carta delle bevande, prego. [la **kar**ta **de**lle be**wan**de **prä**go]
Möchten Sie	**Vorrebbe** [wor**re**bbe]
tanzen	ballare [ba**lla**re]
etwas trinken	bere qualcosa [**be**re kwal**ko**sa]
frische Luft schnappen?	prendere aria fresca? [**pren**dere **a**rja **fres**ka]
Ich lade Sie ein.	Io la invito. [**i**o la in**wi**to]

Unterhaltung

Aufführung	rappresentazione [rappresenta**zjo**ne]
ausgehen	uscire [u**schi**re]
Bar	bar [bar]
Bühne	palcoscenico [palko**sche**niko]
Bühnenbild	scenario [sche**na**rjo]
Chor	coro [**ko**ro]
Dirigent	dirigente [diri**dschen**te]
Eintrittskarte	biglietto di entrata [bi**lje**tto di en**tra**ta]
Folkloreabend	serata folcloristica [se**ra**ta folklo**ri**stika]
Freilichtbühne	palcoscenico all'aria aperta [palko**sche**niko all**a**rja a**per**ta]
Jazzkonzert	concerto jazz [kon**tscher**to jazz]
Kabarett	cabaret [kaba**ret**]
Kammermusik	musica da camera [**mu**sika da **ka**mera]
Kasse	cassa [**ka**ssa]
Komödie	commedia [ko**mme**dia]
Musikgruppe, Band	banda [**ban**da]
Opernglas	binocolo [bi**no**kolo]
Orchester	orchestra [or**kes**tra]
Pause	pausa [**pa**usa]
Popmusik	musica pop [**mu**sika pop]
Premiere	prima [**pri**ma]
Regisseur(in)	regista [re**dschi**sta]
Sänger(in)	cantante [kan**tan**te]
Schauspieler	attore [a**tto**re]
Schauspielerin	attrice [a**ttri**tsche]
spielen	suonare [suo**na**re]
Tänzer/Tänzerin	ballerino/ballerina [balle**ri**no/balle**ri**na]
Tanzlokal	locale da ballo [lo**ka**le da **ba**llo]
Türsteher	usciere [u**schje**re]
Zirkus	circo [**tschir**ko]

Darf ich Sie ... begleiten?	**Posso accompagnarla** [**po**sso akkompa**njar**la]
ein Stück	un pezzo [un **pe**zzo]
nach Hause	a casa [a **ka**sa]
ins Hotel	in albergo/hotel? [in al**ber**go/o**tel**]
Möchtest Du noch mit zu mir kommen?	Vorrei venire ancora da me? [wo**rrei** we**ni**re an**ko**ra da me]
Vielen Dank für diesen schönen Abend.	Grazie per questa bella serata. [**gra**zje per **kwes**ta **be**lla se**ra**ta]
Auf Wiedersehen./ Bis morgen.	Arrivederci./A domani. [arriwe**der**tschi/a do**ma**ni]

Feste und Veranstaltungen

Wann beginnt	**Quando comincia** [**kwan**do ko**min**tscha]
das (Volks-)Fest	la festa (popolare) [la **fes**ta (popo**la**re)]
das Festprogramm	il programma festivo [il pro**gra**mma fes**ti**wo]
die (Handels-)Messe	la fiera [la fi**e**ra]
die Matinee	la mattutina [la mattu**ti**na]
der Umzug/die Prozession	il corteo/la processione [il kor**teo**/la protsche**ssjo**ne]
die Show/die Darbietung	lo show/la presentazione [lo schou/la presenta**zjo**ne]
die Zirkusvorstellung?	la presentazione del circo? [la presenta**zjo**ne del **tschir**ko]
Wo findet die Veranstaltung statt?	Dove si dà la manifestazione? [**do**we si da la manifesta**zjo**ne]
Wie lange wird sie dauern?	Quanto durerà? [**kwan**to dure**ra**]
Muß man Eintritt bezahlen?	Si deve pagare l'entrata? [si **de**we pa**ga**re len**tra**ta]
Wo bekomme ich/ Was kosten die Karten?	Dove ricevo/Quanto costano i biglietti? [**do**we ri**tsche**wo/**kwan**to **ko**stano i bi**lje**tti]

Flanieren

Dank des günstigen Klimas verbringen viele Italiener ihre Freizeit in der Öffentlichkeit. Nach 16 Uhr, wenn die Geschäfte wieder öffnen, bevölkern sich die Einkaufsstraßen, Plätze und Bars, und nach Feierabend trifft man sich zur beliebten *cena fuori,* dem Abendessen im Restaurant. Das Flanieren, das sogenannte *fare il corso,* das Sehen und Gesehenwerden ist Eheanbahnung, Modetreff und Plauderstündchen zugleich und erfüllt eine wichtige soziale Funktion in der italienischen Lebensgemeinschaft. Der Corso ist trotz des Fernsehens für viele Italiener immer noch ein unverzichtbarer Ritus.

Die Märkte sind immer noch die wichtigsten Einkaufsquellen für Einheimische wie Touristen

Einkaufen

Allgemeines

Wo gibt es/ **Wo bekomme ich** Filme Zeitungen?	**Dove ci sono/Dove posso trovare** [**do**we tschi **so**no/**do**we **po**sso tro**wa**re] pellicole [pe**lli**kole] giornali? [d~~sch~~or**na**li]
Gibt es hier in der Nähe eine Bäckerei ein Lebensmittelgeschäft eine Metzgerei einen Supermarkt?	**C'è qui vicino** [tschä kwi wi**tschi**no] una panetteria [**u**na panette**ri**a] un negozio di generi alimentari [un ne**go**zjo di **d~~sch~~e**neri alimen**ta**ri] una macelleria [**u**na matschelle**ri**a) un supermercato? [un supermer**ka**to]
* Cosa desidera? [**ko**sa de**si**dera]	Was wünschen Sie?
* Posso aiutarla? [**po**sso aju**tar**la]	Kann ich Ihnen helfen?
Ich möchte mich nur umsehen.	Io vorrei solo dare un'occhiata. [io wo**rrei** **so**lo **da**re uno**kkja**ta]
Ich möchte bitte Briefmarken eine Sonnencreme.	**Per favore vorrei** [per fa**wo**re wo**rrei**] francobolli [franko**bo**lli] una crema da sole. [**u**na **kre**ma da **so**le]
Wieviel kostet das? Das ist (zu) teuer.	Quanto costa? [**kwan**to **ko**sta] È (troppo) caro. [ä (**tro**ppo) **ka**ro]
Das gefällt mir (nicht).	Questo (non) mi piace. [**kwes**to (non) mi **pja**tsche]
Ich nehme es.	Lo prendo. [lo **pren**do]

Lebensmittel

Babynahrung	alimenti per neonati [ali**men**ti per neo**na**ti]
Eier	uova [u**o**wa]
Essig	aceto [a**tsche**to]
(ohne) Farbstoffe	(senza) coloranti [(**sen**za) kolo**ran**ti]
Fisch	pesce [**pe**sche]
Fleisch	carne [**kar**ne]
Gemüse	verdura [wer**du**ra]
Gewürze	spezie [**spe**zje]
Haferflocken	fiocchi di avena [**fjo**kki di a**we**na]
Kekse	biscotti [bis**ko**tti]
Ketchup	ketchup [**ke**tschap]
Konserven	conserve [kon**ser**we]
(ohne) Konservierungs-stoffe	(senza) conservanti [(**sen**za) konser**wan**ti]
Kuchen	dolce [**dol**tsche]
Margarine	margarina [marga**ri**na]
Mayonnaise	maionese [majo**ne**se]
Mehl	farina [fa**ri**na]
(Voll-/fettarme) Milch	latte (intero/scremato) [**la**tte (in**te**ro/skre**ma**to)]
Mortadella	mortadella [morta**de**lla]
Nüsse	noci [**no**tschi]
Obst	frutta [**fru**tta]
Öl	olio [**o**ljo]
Paprika	peperone [pepe**ro**ne]
Pfeffer	pepe [**pe**pe]
Saft	succo [**su**kko]
Sahne	panna [**pa**nna]
Salz	sale [**sa**le]
Schokolade	cioccolata [tschokko**la**ta]
Senf	senape [**se**nape]
Toast	toast [**to**st]
Zucker	zucchero [**zu**kkero]
Zwieback	fette biscottate [**fe**tte bisko**tta**te]

▶ **(Siehe auch Speisekarte, S. 44.)**

Obst und Gemüse

Ananas	ananas [**a**nanas]
Apfel	mela [**me**la]
Aprikose	albicocca [albi**ko**kka]
Artischocke	carciofo [kar**tscho**fo]

Aubergine	melanzana [melan**za**na]
Avocado	avocado [awo**ka**do]
Banane	banana [ba**na**na]
Basilikum	basilico [ba**si**liko]
Birne	pera [**pe**ra]
(grüne/weiße) Bohnen	fagioli (verdi/bianchi) [fa**dscho**li (**wer**di/**bjan**ki)]
Brokkoli	broccoli [**bro**kkoli]
Chicorée	cicorie [tschi**ko**rje]
Datteln	datteri [**da**tteri]
Erbsen	piselli [pi**se**lli]
Erdnüsse	arachidi [a**ra**kidi]
Feigen	fichi [**fi**ki]
Gurke	cetriolo [tschetri**o**lo]
Himbeeren	lamponi [lam**po**ni]
Honigmelone	melone [me**lo**ne]
Karotten	carote [ka**ro**te]
Kartoffeln	patate [pa**ta**te]
Kichererbsen	ceci [**tsche**tschi]
Kirschen	ciliegie [tschil**je**dsche]
Kiwi	kiwi [**ki**wi]
Knoblauch	aglio [**a**ljo]
Kohl	cavolo [**ka**wolo]
Lauch	porro [**po**rro]
Mais	granoturco [grano**tur**ko]
Mandarine	mandarino [manda**ri**no]
Mango	mango [**man**go]
Nektarine	mandarino dolce [manda**ri**no **dol**tsche]
Oliven	olive [o**li**we]
Orange	arancia [a**ran**tscha]
Paprikaschote	peperone [pepe**ro**ne]
Peperoni	peperoncini [peperon**tschi**ni]
Petersilie	prezzemolo [pre**zze**molo]
Pflaume	prugna [**pru**nja]
Spinat	spinaci [spi**na**tschi]
Tomate	pomodoro [pomo**do**ro]
Wassermelone	anguria [an**gu**rja]
(weiße/blaue) Weintrauben	uva (bianca/nera) [**u**wa (**bjan**ka/**ne**ra)]
Zitrone	limone [li**mo**ne]
Zucchini	zucchini [zu**kki**ni]
Zwiebel	cipolla [tschi**po**lla]

Marktambiente

Zu den wichtigsten Einkaufsquellen gehören noch immer die Märkte *(mercati)*. Mindestens einmal wöchentlich, manchmal auch zweimal, ist in jeder Gemeinde Markttag. Jeder Markt hat seinen eigenen ganz speziellen Charakter und natürlich auch sein spezifisches Sortiment. Lebensmittel, Kleidung, Haushaltswaren, Werkzeuge für Landwirtschaft und Handwerk sowie Tiere und vieles mehr werden je nach Größe und Wichtigkeit des Marktes angeboten. Dabei kann das Angebot an Waren umfangreicher und vielseitiger sein als in einem Kaufhaus oder Supermarkt. Außerdem ist es vollkommen normal, auf Märkten um den Preis zu feilschen.

Haben Sie etwas anderes/ Preiswerteres/Größeres/ Kleineres?	Ha qualcos'altro/più economico/più grande/ più piccolo? [a kwalko**sal**tro/pju eko**no**miko/ pju **gran**de/pju **pi**kkolo]
Kann ich	**Posso** [**po**sso]
mit Eurocheque/Scheck/ Travellerscheck/Kreditkarte bezahlen	pagare con eurocheque/assegno/ traveller's cheque/carta di credito [**po**sso pa**ga**re kon äuro**schek**/a**sse**njo/ trawällers**schek**/**kar**ta di **kre**dito]
das umtauschen?	cambiare questo? [kam**bja**re **kwes**to]
Wo ist der nächste Geldautomat/die nächste Bank?	Dov'è il prossimo bancomat/la prossima banca? [do**wä** il **pro**ssimo **ban**komat/la **pro**ssima **ban**ka]
* Ancora qualcosa? [an**ko**ra kwal**ko**sa]	Noch etwas?
Danke, das ist alles.	Grazie è tutto. [**gra**zje ä **tu**tto]
Können Sie mir das einpacken?	Mi può fare un pacchetto? [mi pu**o** **fa**re un pa**kke**tto]
Kann ich eine Tragetüte haben?	Posso avere una busta? [**po**sso a**we**re **u**na **bus**ta]

Lebensmittel

Ich möchte/ Geben Sie mir bitte	**Vorrei/Mi dia per favore** [wo**rrei**/mi **di**a per fa**wo**re]
ein Stück ...	un pezzo di ... [un **pe**zzo di]
100 Gramm ...	cento grammi di ... [**tschen**to **gra**mmi di]
ein halbes Kilo ...	mezzo chilo di ... [**me**zzo **ki**lo di]
ein Kilo ...	un chilo di ... [un **ki**lo di]
einen Liter ...	un litro di ... [un **li**tro di]
eine Dose ...	una lattina di ... [**u**na la**tti**na di]
eine Flasche ...	una bottiglia di ... [**u**na bo**tti**lja di]
Kann ich davon probieren?	Ne posso assaggiare ? [ne **po**sso assa**dscha**re]
* Va bene un poco in più? [wa **be**ne un **po**ko in pju]	Darf es etwas mehr sein?
Etwas mehr/weniger bitte.	Un poco di più/di meno prego. [un **po**ko di pju/di **me**no **prä**go]
Lassen Sie es so!	Lasci così! [**la**schi ko**si**]

Bücher, Schreibwaren und Zeitungen

Haben Sie	**Ha** [a]
deutsche Zeitungen/ Illustrierte	giornali/illustrati tedeschi [dschornali/illustrati tedeski]
Ansichtskarten	cartoline illustrate [kartoline illustrate]
Briefmarken	francobolli [frankobolli]
Umschläge	buste per lettera [buste per lettera]
Kugelschreiber/Stifte	penne a biro/matite [penne a biro/matite]
(deutsche/englische) Bücher	libri (tedeschi/inglesi) [libri (tedeski/inglesi)]
Klebstoff/Klebeband?	colla/nastro adesivo? [kolla/nastro adesiwo]
Ich hätte gerne	**Io vorrei** [io worrei]
eine Landkarte von …	una carta geografica di … [una karta dscheografika di]
einen Stadtplan	una carta della città [una karta della tschitta]
einen Reiseführer	una guida turistica [una guida turistika]
ein Wörterbuch Italienisch–Deutsch.	un dizionario italiano-tedesco. [un dizionario italiano tedesko]

Kleidung und Schuhe

Ich suche	**Io cerco** [io tscherko]
eine Bluse/ein Hemd	una camicetta/una camicia [una kamitschetta/una kamitscha]
ein T-Shirt	una T-Shirt [una tischört]
eine Hose/einen Rock/ ein Kleid	pantaloni/una gonna/un vestito [un pantalone/una gonna/un westito]
einen Pullover/eine Jacke	un pullover/una giacca [un pullower/una dschakka]
Unterwäsche/Socken	biancheria intima/calzini [biankeria intima/kalzini]
eine Regenjacke	una giacca impermeabile [una dschakka impermeabile]
Schuhe.	scarpe. [skarpe]

Ich habe Größe 40/ Schuhgröße 39.	Io ho la taglia quaranta/il numero di scarpe trentanove. [io o la **ta**lja kwa**ran**ta/il **nu**mero di **skar**pe trenta**no**we]
Kann ich das probieren?	Posso provare? [**po**sso pro**wa**re]
Wo ist ein Spiegel?	Dov'è uno specchio? [do**wä** **u**no **spe**kkjo]
Das paßt (nicht) gut.	Questo (non) sta bene. [**kwe**sto (non) sta **be**ne]
Das/Die Farbe gefällt mir (nicht).	Questo/Questo colore (non) mi piace. [**kwe**sto/**kwe**sto ko**lo**re (non) mi **pja**tsche]
Ich nehme es.	Io lo prendo. [io lo **pren**do]
Gibt es noch andere Modelle/ Farben?	Ci sono ancora altri modelli/colori? [tschi **so**no an**ko**ra **al**tri mo**de**lli/ko**lo**ri]

Es ist	**È** [ä]
zu klein/groß	troppo piccolo/grande [**tro**ppo **pi**kkolo/**gran**de]
zu lang/kurz	troppo lungo/corto [**tro**ppo **lun**go/**kor**to]
zu eng/weit.	troppo stretto/largo. [**tro**ppo **stre**tto/**lar**go]

Ist das	**Questo/Questa è** [**kwe**sto/**kwe**sta ä]
echtes Leder	vera pelle [**we**ra **pe**lle]
Baumwolle/Wolle/Seide/ Leinen?	cotone/lana/seta/lino? [ko**to**ne/**la**na/**se**ta/**li**no]

Wäscherei und Reinigung

Ich möchte das reinigen/ waschen lassen.	Io vorrei fare pulire/lavare questo. [io wo**rre**i **fa**re pu**li**re/la**wa**re **kwe**sto]
Wieviel kostet das?	Quanto costa? [**kwan**to **ko**sta]
Wann kann ich es abholen?	Quando posso venire a prenderlo? [**kwan**do **po**sso we**ni**re a **pren**derlo]

Schmuck und Uhren

Meine Kette/Mein Wecker ist kaputt.	La mia catenina/La mia sveglia è rotta. [la **mi**a kate**ni**na/la **mi**a **swe**lja ä **ro**tta]
Meine Uhr ist kaputt.	Il mio orologio è rotto. [il **mi**o oro**lo**dscho ä **ro**tto]
Können Sie das reparieren?	Può riparare questo/-a? [pu**o** ripa**ra**re **kwe**sto/-a]

Ich hätte gerne	**Io avrei bisogno di** [io a**wre**i bi**so**njo di]
eine neue Batterie	una nuova batteria [**u**na bu**o**na batte**ri**a]
ein Armband	un bracciale [un bra**tscha**le]
eine Brosche	una spilla [**u**na **spi**lla]
einen Ring	un anello [un a**ne**llo]
Ohrringe.	orecchini. [ore**kki**ni]

Zwei Nummern größer

Die Befürchtung, Sie hätten im Urlaub zugenommen, stellt sich in den meisten Fällen zum Glück als unbegründet heraus. In Italien müssen Sie beim Kauf von Kleidung einfach zwei Nummern dazurechnen, und dann stimmt wieder alles: 38 = 42, 40 = 44 etc.
Keine Probleme gibt es bei den Schuhgrößen: Sie entsprechen den deutschen Größen.

Kleidung und Schuhe

Anorak	anorak [anorak]
Badeanzug	costume da bagno [ko**stu**me da **ban**jo]
Badehose	slip da bagno [slip da **ban**jo]
BH	reggiseno [re**dschi**seno]
Bikini	bikini [bi**ki**ni]
Gürtel	cintura [tschin**tu**ra]
Halstuch	foulard [fu**lar**]
Handschuhe	guanti [**guan**ti]
Hut	cappello [ka**ppe**llo]
Jogginganzug	tuta da ginnastica [**tu**ta da **dschinna**stika]
Krawatte	cravatta [kra**wa**tta]
Mütze	berretto [be**re**tto]
Sandalen	sandali [**san**dali]
Slip	slip [slip]
Sonnenhut	cappello da sole [ka**ppe**llo da **so**le]
Stiefel	stivali [sti**wa**li]
Strumpfhose	collant [ko**llan**]
Weste	gilet [d**schilä**]

Ist das	**È questo/Sono questi** [ä **kwe**sto/**so**no **kwe**sti]
echt	vero/veri [**we**ro/**we**ri]
aus Silber/aus Gold	d'argento/d'oro [dar**dschen**to/**do**ro]
versilbert/vergoldet?	argentato/dorato? [ardschen**ta**to/do**ra**to]

Elektro- und Fotoartikel

Ich suche/brauche	**Io cerco/Ho bisogno di** [io **tscher**ko/o bi**so**njo di]
einen Adapter	una spina di riduzione [**u**na **spi**na di ridu**zjo**ne]
eine Batterie	una batteria [**u**na batte**ri**a]
für den Walkman	per il walkman [per il **wolk**man]
für die Taschenlampe	per la torcia elettrica [per la **tor**tscha e**le**ttrika]
für den Fotoapparat	per la macchina fotografica [per la **ma**kkina foto**gra**fika]
für die Videokamera	per la videocamera [per la wideo**ka**mera]
für das Radio.	per la radio. [per la **ra**djo]

Ich hätte gern	**Io avrei bisogno di** [io a**wre**i bi**so**njo di]
einen Farbfilm/ Schwarzweißfilm	una pellicola a colori/bianco e nero [**u**na pe**lli**kola a ko**lo**ri/**bjan**ko e **ne**ro]
einen Diafilm	una pellicola per diapositiva [**u**na **pe**llikola per diaposi**ti**wa]
mit 24/36 Aufnahmen	per ventiquattro/trentasei riprese [per wenti**kwa**ttro/trenta**säi** ri**pre**se]
eine (VHS-)Videokassette	una cassetta video (VHS) [**u**na ka**sse**tta **wi**deo (wu **a**ka **ä**sse)]
ein Standardobjektiv	un obiettivo standard [un obje**tti**wo **stan**dard]
ein Weitwinkel-/Tele-/ Zoomobjektiv.	un obiettivo grandangolare/tele/zoom. [un obje**tti**wo grandango**la**re/**te**le/**zom**]

Können Sie	**Può/Potete** [puo/potete]
den Film einlegen	mettere la pellicola [mettere la pellikola]
diesen Film entwickeln	sviluppare questa pellicola [swiluppare kwesta pellikola]
Abzüge anfertigen	sviluppare delle foto [swiluppare delle foto]
im Format 9 mal 9/13	in formato nove per nove/tredici [in formato nowe per nowe/treditschi]
glänzend/matt?	lucido/matto? [lutschido/matto]
Machen Sie Paßbilder?	Lei fa foto per tessera? [läi fa foto per tessera]
Wann sind die Fotos fertig?	Quando sono pronte le foto? [kwando sono pronte le foto]
... funktioniert nicht richtig.	**... non funziona bene.** [non funzjona bene]
Mein Fotoapparat	La mia macchina fotografica [la mia makkina fotografika]
Mein Blitzlicht	Il mio flash [il mio flasch]
Können Sie einmal nachsehen/das reparieren?	Può controllare/riparare? [puo kontrollare/riparare]
Wann kann ich es/sie abholen?	Quando posso venire a prenderlo/prenderli? [kwando posso wenire a prenderlo/prenderli]

Souvenirs, Kunsthandwerk

Ich suche	**Io cerco** [io tscherko]
ein Reiseandenken	un souvenir [un suwenir]
Folklorekleidung	vestiti folkloristici [westiti folkloristitschi]
Keramik	ceramica [tscheramika]
Kunstgegenstände	oggetti artistici [odsehetti artistitschi]
moderne/antike/volkstümliche	moderni/antichi/popolari [moderni/antiki/popolari]
Lederwaren	oggetti in pelle [odsehetti in pelle]
Schmuck.	gioielli. [dsehojelli]
Was ist typisch für	**Cosa è tipico per** [kosa ä tipiko per]
diese Stadt	questa città [kwesta tschittà]
diese Gegend	questa regione [kwesta redsehone]
dieses Land?	questo paese? [kwesto paese]
Ist das	**Questo è** [kwesto ä]
handgemacht	fatto a mano [fatto a mano]
echt/antik	vero/antico [wero/antiko]
Kunsthandwerk	artigianato artistico [artidsehanato artistiko]
aus der Region?	della regione? [della redsehone]

Optiker

Meine Brille ist kaputt.	I miei occhiali sono rotti. [i mjei okkjali sono rotti]
Können Sie sie reparieren/mir eine Ersatzbrille geben?	Può ripararli/darmi degli occhiali di riserva? [puo ripararli/darmi delji okkjali di riserwa]

VITALI
CAMICERIA DAL 1950

Sale e Tabacchi

Auf alten Schildern kann man bei Geschäften, die Tabakwaren verkaufen, noch *Sale e Tabacchi* lesen, denn früher unterlag auch das Salz – genau wie heute noch die Tabakwaren – dem staatlichen Monopol. Nur die Läden, Bars und Restaurants mit dem Schild „Sale e Tabacchi" durften damals Salz und Tabakwaren verkaufen. Heute gilt dieses Gesetz noch für Tabakwaren und Briefmarken, die nur dort verkauft werden dürfen, wo ein Schild mit einem großen weißen T auf blauem Grund hängt.

Wann kann ich sie abholen? — Quando posso venire a prenderli? [**kwan**do **po**sso we**ni**re a **pren**derli]

Ich bin kurzsichtig/weitsichtig. — Io sono miope/presbite. [io **so**no **mio**pe/**pres**bite]

Ich habe — **Io ho** [io o]
- meine Brille/eine Kontaktlinse verloren — perso i miei occhiali/una lente a contatto [**per**so i **mjei** o**kkja**li/**u**na **len**te a kon**ta**tto]
- rechts/links ... Dioptrien. — a destra/sinistra ... diottrie. [a **de**stra/si**ni**stra ... dio**ttri**e]

Ich brauche — **Io ho bisogno di** [io o bi**so**njo di]
- eine Sonnenbrille — occhiali da sole [o**kkja**li da **so**le]
- ein Brillenetui — un astuccio per occhiali [un a**stu**tscho per o**kkja**li]
- ein Fernglas — un binocolo [un bi**no**kolo]
- Reinigungs-/Aufbewahrungslösung — una soluzione per pulire/conservare [**u**na solu**zjo**ne per pu**li**re/konser**wa**re]
  - für harte/weiche Kontaktlinsen. — per lenti a contatto dure/morbide. [per **len**ti a kon**ta**tto **du**re/**mor**bide]

Drogerie

Ich hätte gerne — **Io vorrei** [io wo**rrei**]
- Heftpflaster — cerotti [tsche**ro**tti]
- Papiertaschentücher — fazzoletti di carta [fazzo**le**tti di **kar**ta]
- eine Hand-/Hautcreme — una crema per le mani/per la pelle [**u**na **kre**ma per le **ma**ni/per la **pe**lle]
- eine Sonnencreme mit Lichtschutzfaktor 6/12 — una crema per il sole con fattore protettivo sei/dodici [**u**na **kre**ma per il **so**le kon fa**tto**re prote**tti**wo **säi**/**do**ditschi]
- Après soleil — un doposole [un dopo**so**le]
- ein Shampoo — uno sciampo [**u**no **scham**po]
  - für normales Haar — per capelli normali [per ka**pe**lli nor**ma**li]
  - trockenes Haar — per capelli secchi [per ka**pe**lli **se**kki]
  - fettes Haar — per capelli grassi [per ka**pe**lli **gra**ssi]
  - gegen Schuppen. — contro la forfora. [**kon**tro la **for**fora]

Tabakwaren

…, bitte.	**…, prego.** [prä**go**]
Eine Schachtel/Eine Stange Zigaretten	Una scatola/Una stecca di sigarette [**u**na **ska**tola/**u**na **ste**kka di siga**re**tte]
mit/ohne Filter	con/senza filtro [kon/**sen**za **fil**tro]
Pfeifentabak	Tabacco da pipa [ta**ba**kko da **pi**pa]
Streichhölzer	Fiammiferi [fja**mmi**feri]
Ein Feuerzeug	Un accendino [un atschen**di**no]

Drogerie

Babyflasche	biberon [bibe**ron**]
Babypuder	talco per bambini [**tal**ko per bam**bi**ni]
(Damen-)Binden	pannolini (da donna) [panno**li**ni (da **don**na)]
Bürste	spazzola [**spa**zzola]
Deodorant	deodorante [deodo**ran**te]
Duschgel	gel per doccia [dschel per **do**dscha]
Haargel	gel per capelli [dschel per ka**pe**lli]
Haargummi	elastico per capelli [e**las**tiko per ka**pe**lli]
Haarspray	lacca per capelli [**la**kka per ka**pe**lli]
Kamm	pettine [**pä**ttine]
Körperlotion	lozione per il corpo [lo**zjo**ne per il **kor**po]
Mückenschutz	antizanzare [antizan**za**re]
Nagelfeile	limetta per le unghie [li**me**tta per le **un**gje]
Nagelschere	forbici per le unghie [**for**bitschi per le **un**gje]
Parfüm	profumo [pro**fu**mo]
Pinzette	pinzetta [pin**ze**tta]
Präservativ	profilattico [profi**la**ttiko]
Rasierklinge	lamette da barba [la**me**tte da **bar**ba]
Rasierschaum	schiuma da barba [**skju**ma da **bar**ba]
Rasierwasser	dopobarba [dopo**bar**ba]
Schnuller	succhiotto [su**kkjo**tto]
Seife	sapone [sa**po**ne]
Sicherheitsnadel	spilla di sicurezza [**spi**lla di siku**re**zza]
Spülmittel	detersivo per i piatti [deter**si**wo per i **pja**tti]
Tampons	tamponi [tam**po**ni]
Toilettenpapier	carta igienica [**kar**ta i**dsch**jenika]
Waschmittel	detersivo [deter**si**wo]
Watte	ovatta [o**wa**tta]
Windeln	pannolini [panno**li**ni]
Zahnbürste	spazzolino da denti [spazzo**li**no da **den**ti]
Zahnpaste	dentifricio [denti**fri**tscho]

Auch in Italien sind in den öffentlichen Telefonzellen mittlerweile die Telefonkarten auf dem Vormarsch

Praktische Hinweise

Ärztliche Versorgung

Beim Arzt

Ich brauche (schnell) einen Arzt.	Io ho bisogno (subito) di un medico. [io o bi**so**njo (**su**bito) di un **me**diko]
Rufen Sie bitte einen Notarzt/ einen Krankenwagen.	Prego telefoni al medico di emergenza/ad una autoambulanza. [**prä**go te**le**foni al **me**diko di emer**dschen**za/ad **u**na autoambu**lan**za]
Wo finde ich hier	**Dove trovo qui** [**do**we **tro**wo kwi]
einen Frauenarzt	un ginecologo [un dschine**ko**logo]
einen Kinderarzt	un pediatra [un pe**dja**tra]
einen Zahnarzt	un dentista [un den**ti**sta]
der Deutsch/Englisch spricht?	che parla tedesco/inglese? [ke **par**la te**des**ko/in**gle**se]
Kann der Arzt herkommen?	Può venire qui il medico? [pu**o** we**ni**re kwi il **me**diko]
Wann hat er Sprechstunde?	Quando ha ambulatorio? [**kwan**do a ambula**to**rio]
Kann ich gleich in die Praxis kommen?	Posso venire subito nell'ambulatorio? [**pos**so we**ni**re **su**bito nellambula**to**rio]
Wann kann ich kommen?	Quando posso venire? [**kwan**do **pos**so we**ni**re]
* Che cosa Le manca? [ke **ko**sa le **man**ca]	Was fehlt Ihnen?
Mir ist (ständig) schlecht./ Mir ist schwindlig.	Mi sento (continuamente) male./Io ho capogiro. [mi **sen**to (kontinua**men**te) **ma**le/io o kapo**dschi**ro]
Ich bin gestürzt.	Sono caduto. [**so**no ka**du**to]

Ich habe	**Io ho** [io o]
mich übergeben	rimesso [ri**me**sso]
mich erkältet	il raffreddore [il raffre**ddo**re]
eine Allergie	un'allergia [unaller**dschi**a]
Durchfall	la diarrea [la dia**rre**a]
Grippe	l'influenza [lin**fluen**za]
Husten	la tosse [la **to**sse]
Kopfschmerzen	mal di testa [mal di **te**sta]
Bauchschmerzen	mal di pancia [mal di **pan**tscha]
Ohrenschmerzen	mal di orecchi [mal di o**re**kki]
Halsschmerzen	mal di gola [mal di **go**la]
eine Blasenentzündung	un'infezione alla vescica [uninfe**zjo**ne **a**lla we**schi**ka]
Herzstechen	fitte al cuore [**fi**tte al ku**o**re]
(hohes) Fieber.	febbre (alta). [**fe**bbre (**al**ta)]
* Quanto è alta la febbre? [**kwan**to ä **al**ta la **fe**bbre]	Wie hoch ist das Fieber?
* Da quando ha la febbre? [da **kwan**do a la **fe**bbre]	Seit wann haben Sie Fieber?
Seit 2 Tagen.	Da due giorni. [da **due dscho**rni]
* Dove fa male? [**do**we fa **ma**le]	Wo tut es weh?
* Non è niente di grave. [non ä nj**en**te di **gra**we]	Es ist nichts Schlimmes.
Ist das Bein gebrochen?	È fratturata la gamba? [ä frattu**ra**ta la **gam**ba]
Ist der Arm/der Finger gebrochen?	È fratturato il braccio/il dito? [ä frattu**ra**to il **bra**tscho/il **di**to]
Ich vertrage	**Io non sopporto** [io non so**ppor**to]
die Hitze/das Essen nicht	il caldo/il mangiare [il **kal**do/il man**dscha**re]
kein Penicillin.	la penicillina. [la penitschi**lli**na]
Ich bin	**Io sono** [io **so**no]
schwanger/im 4. Monat schwanger	gravida/nel quarto mese di gravidanza [**gra**wida/nel **kwar**to **me**se di grawi**dan**za]
Diabetiker	malato di diabete [ma**la**to di dia**be**te]
chronisch krank.	malato cronico *(m)*/malata cronica *(f)*. [ma**la**to **kro**niko/ma**la**ta **kro**nika]

Einnahmevorschriften

digiuno	nüchtern
due/tre volte al giorno	2-/3mal täglich
esterno/interno	äußerlich/innerlich
prima/dopo i pasti	vor/nach den Mahlzeiten
sciogliere in acqua	in Wasser auflösen
sciogliere in bocca	im Mund zergehen lassen
senza masticare	unzerkaut

i

Können Sie mir	**Mi può** [mi pu**o**]
das verschreiben	prescrivere questo [pre**skri**were **kwes**to]
etwas gegen … verschreiben?	prescrivere qualcosa contro …? [pre**skri**were kwal**ko**sa **kon**tro]

Beim Zahnarzt

Ich habe (starke) Zahnschmerzen.	Io ho (forte) mal di denti. [**i**o o (**for**te) mal di **den**ti]
Ich habe eine Füllung verloren.	Io ho perso una piombatura. [**i**o o **per**so **u**na pjomba**tu**ra]
Können Sie	**Può** [pu**o**]
mich gleich behandeln	visitarmi subito [wisi**tar**mi **su**bito]
mir ein Schmerzmittel geben?	darmi un antidolorifero? [**dar**mi un antidolo**ri**fero]

Ärztliche Versorgung

Aids	aids [**a**ids]
Allergie	allergia [aller**dse~~h~~i**a]
ansteckend	contagioso/-a [konta**dse~~h~~o**so/-a]
Antibiotikum	antibiotico [anti**bjo**tiko]
Aspirin	aspirina [aspi**ri**na]
Attest	certificato medico [tschertifi**ka**to **me**diko]
Augentropfen	collirio [kol**li**rio]
Ausschlag	sfogo [**sfo**go]
Beruhigungsmittel	calmante [kal**man**te]
Blinddarmentzündung	appendicite [appendi**tschi**te]
(starke) Blutung	emorragia (forte) [emora**dse~~h~~i**a (**for**te)]
Blutuntersuchung	controllo del sangue [kon**tro**llo del **san**gue]
Bruch	ernia [**er**nia]
Eiter	pus [pus]
Entzündung	infiammazione [infjamma**zjo**ne]
Erbrechen	vomito [**wo**mito]
Erkältung	raffreddore [raffre**ddo**re]
Fieber	febbre [**fe**bbre]
Gehirnerschütterung	commozione cerebrale [kommo**zjo**ne tschere**bra**le]
Grippe	influenza [in**fluen**za]
HIV positiv	sieropositivo [**sje**roposi**ti**wo]
Hustensaft	sciroppo per la tosse [schi**ro**ppo per la **to**sse]
impfen	vaccinare [watschi**na**re]
Impfung	vaccinazione [watschina**zjo**ne]
Infektion	infezione [infe**zjo**ne]
Kondom	profilattico [profi**la**ttiko]
Krampf	crampo [**kram**po]

Bitte reparieren Sie den Zahn/die Brücke/die Krone nur provisorisch.	Prego ripari solo provvisoriamente il dente/il ponte/la corona. [**prä**go ri**pa**ri **so**lo prowwisoria**men**te il **den**te/il **pon**te/la ko**ro**na]
Ich möchte (k)eine Spritze.	Io (non) vorrei una iniezione. [**i**o (non) wor**rei** **u**na inje**zjo**ne]
Ist es schlimm?	È grave? [ä **gra**we]

Im Krankenhaus

Wo ist	**Dov'è** [do**wä**]
das nächste Krankenhaus	l'ospedale più vicino [l'ospe**da**le pju wi**tschi**no]
die Ambulanz?	l'ambulanza? [lambu**lan**za]
Verständigen Sie bitte	**Prego informi** [**prä**go in**for**mi]
Herrn/Frau ...	il signor/la signora ... [il si**njor**/la si**njo**ra]
im Hotel ...!	in hotel ...! [in o**tel**]

Kreislaufstörung	disturbo di circolazione [di**stur**bo di tschirkola**zjo**ne]
Magen-Darm-Erkrankung	malattie dell'apparato digerente [mala**ttie** delappa**ra**to didsche**ren**te]
Migräne	emicrania [emi**kra**nja]
Muskelzerrung	strappo muscolare [**stra**ppo musko**la**re]
Ohrentropfen	gocce per le orecchie [**go**tsche per le o**re**kkje]
Operation	operazione [opera**zjo**ne]
Pflaster	cerotto [tsche**ro**tto]
Pilz(infektion)	(infezione da) funghi [(infe**zjo**ne da) **fun**gi]
Reisekrankheit	malattia da viaggio [mala**ttia** da **wja**dscho]
Röntgenaufnahme	radiografia [radiogra**fi**a]
Salbe	unguento [un**guen**to]
Schlafmittel	pillole contro l'insonnia [pi**llo**le **kon**tro lin**so**nnja]
Schlangenbiß	morso da serpente [**mor**so da ser**pen**te]
Schmerztablette	pillole contro il dolore [pi**llo**le **kon**tro il do**lo**re]
Schnupfen	raffreddore [raffre**ddo**re]
Schweiß	sudore [su**do**re]
Seekrankheit	mal di mare [mal di **ma**re]
Sehnenzerrung	stiramento del tendine [stira**men**to del **ten**dine]
Sonnenstich	colpo di sole [**kol**po di **so**le]
Verbrennung	bruciatura [brutscha**tu**ra]
Vergiftung	avvelenamento [awwelena**men**to]
verstaucht	slogato/-a [slo**ga**to/-a]
Verstopfung	stitichezza [stiti**ke**zza]
Virus	virus [**wi**rus]
Wunde	ferita [fe**ri**ta]

Haben Sie Privatzimmer/ Zweibettzimmer?	Avete camere private/camere a due letti? [a**we**te **ka**mere pri**wa**te/**ka**mere a **du**e **le**tti]
Wie ist die Diagnose?	Qual'è la diagnosi? [kwal**ä** la **di**anjosi]
Welche Therapie ist erforderlich?	Quale terapia è necessaria? [**kwa**le tera**pi**a ä netsche**ssa**ria]
Wie lange muß ich bleiben?	Quanto devo rimanere? [**kwan**to **de**wo rima**ne**re]
(Wann) Darf ich aufstehen?	(Quando) Posso alzarmi? [(**kwan**do) **po**sso al**zar**mi]
Es geht mir (nicht) besser.	(Non) Sto meglio. [(non) sto **me**ljo]
Ich brauche	**Ho bisogno di** [o bi**so**njo di]
ein Schmerzmittel	un antidolorifero [un antidolo**ri**fero]
Schlaftabletten.	pillole per l'insonnia. [pi**llo**le per lin**so**nnja]
Bin ich reisefähig?	Posso viaggiare? [**po**sso wja**dscha**re]
Ich möchte	**Io vorrei** [io wo**rre**i]
den Arzt sprechen	parlare con il medico [par**la**re kon il **me**diko]
entlassen werden	essere rilasciato [**e**ssere rila**scha**to]
einen Krankenbericht	un rapporto di malattia [un ra**ppor**to di mala**tti**a]
eine Bestätigung	un certificato [un tschertifi**ka**to]
für meine Krankenkasse	per la mia cassa malattia [per la **mi**a **ka**ssa mala**tti**a]
für meinen Hausarzt.	per il mio medico di fiducia. [per il **mi**o **me**diko di fi**du**tscha]

In der Apotheke

Ich suche eine Apotheke.	Io cerco una farmacia [io **tscher**ko **u**na farma**tschi**a]
Ich habe (k)ein Rezept.	Io (non) ho una ricetta. [io (non) o **u**na ri**tsche**tta]
Ich brauche	**Io ho bisogno di** [io o bi**so**njo di]
Heftpflaster	cerotti [tsche**ro**tti]
ein Mückenmittel	qualcosa contro le zanzare [kwal**ko**sa **kon**tro le zan**za**re]
etwas gegen Husten/(Kopf-) Schmerzen/Sonnenbrand	qualcosa contro la tosse/il dolore (di testa)/ la scottatura da sole. [kwal**ko**sa **kon**tro la **to**sse/ il do**lo**re (di **te**sta)/la skotta**tu**ra da **so**le]
für mich	per me [per me]
für Erwachsene/Kinder.	per adulti/bambini. [per a**dul**ti/bam**bi**ni]
Ist das Mittel stark/mild?	Questo rimedio è forte/leggero? [**kwe**sto ri**me**dio ä **for**te/le**dsche**ro]
Wieviele Tabletten/Tropfen muß ich nehmen?	Quante pastiglie/gocce devo prendere? [**kwan**te pas**ti**lje/**go**tsche **de**wo **pren**dere]
Geben Sie mir bitte eine Quittung/einen Durchschlag des Rezepts.	Prego mi dia una ricevuta/una copia della ricetta. [**prä**go mi **di**a **u**na ritsche**wu**ta/**u**na **ko**pja **de**lla ri**tsche**tta]

Feiertage und Feste

Ist heute (National-)Feiertag?	È oggi festa (nazionale)? [ä odschi festa (nazjonale)]
Welches Fest wird heute gefeiert?	Quale festa si festeggia oggi? [kwale festa si festedscha odschi]
Wann beginnt das Festprogramm?	Quando comincia il programma festivo? [kwando komintscha il programma festiwo]
Wie lange wird es dauern?	Quanto dura? [kwanto dura]
Wo findet die Veranstaltung statt?	Dove si fa la manifestazione? [dowe si fa la manifestazjone]

Geld und Währung

Kann ich hier mit ... bezahlen?	**Posso pagare con** [posso pagare kon]
Eurocheques	Eurocheques [äuroscheks]
Travellerschecks	traveller's cheques [trawällersscheks]
mit Scheckkarte	assegno [assenjo]
Kreditkarte	carta di credito? [karta di kredito]
(Wo) Gibt es hier	**Dov'è/C'è** [dowä/tschä]
eine Bank	una banca [una banka]
eine Wechselstube	un ufficio di cambio [un uffitscho di kambjo]
ein Postamt	un ufficio postale [un uffitscho postale]
einen Geldautomaten?	uno bancomat? [uno bankomat]
Wann/Wie lange hat die Bank geöffnet?	Quando/Fino a quando è aperta la banca? [kwando/fino a kwando ä aperta la banka]
Kann ich hier Geld vom Postsparbuch abheben?	Posso prelevare soldi dal libretto di risparmio postale? [posso preleware soldi dal libretto di risparmjo postale]
* Quanto desidera? [kwanto desidera]	Wieviel möchten Sie?
300 000 Lire.	Trecentomila lire. [tretschentomila lire]
Wie ist der aktuelle Wechselkurs/der Höchstbetrag pro Scheck?	Quanto è il cambio attuale/la somma massima per assegno? [kwanto ä il kambjo attuale/la somma massima per assenjo]
Ich möchte 100 DM/Schilling/Schweizer Franken in Lire wechseln.	Io vorrei cambiare cento Marchi/Schilling/Franchi svizzeri in Lire. [io worrei kambjare tschento marki/schellini/franki swizzeri in lire]
Geben Sie mir bitte kleine Scheine/auch Münzen/Kleingeld!	Mi dia per favore biglietti di piccolo taglio/anche moneta/spiccioli! [mi dia per fawore biljetti di pikkolo taljo/anke moneta/spitscholi]
Bekomme ich Bargeld mit meiner Kreditkarte?	Posso avere soldi con la mia carta di credito? [posso awere soldi kon la mia karta di kredito]
* Il Suo assegno prego! [il suo assenjo prägo]	Ihre Scheckkarte bitte!
Bitte unterschreiben Sie hier!	Prego firmi qui! [prägo firmi kwi]

* Prego dia il Suo numero di codice! [**prä**go **dia** il **suo** **nu**mero di **ko**ditsche]	Geben Sie bitte Ihre Geheimzahl ein!
Ist meine Bankanweisung/ meine Postanweisung eingetroffen?	È arrivato il vaglia bancario dalla mia banca/ il vaglia postale dal mio ufficio postale? [ä arri**wa**to il **wal**ja ban**ka**rio **dal**la **mi**a **ban**ka/ il **wal**ja pos**ta**le dal **mi**o uf**fi**tscho pos**ta**le]

Kriminalität, Polizei

Wo ist das nächste Polizeirevier?	Dov'è la prossima stazione di polizia? [do**wä** la **pros**sima sta**zjo**ne di po**li**zja]
Rufen Sie bitte die Polizei!	Prego telefoni alla polizia! [**prä**go te**le**foni **al**la po**li**zja]
Man hat mich	**Sono stato/stata** [**so**no **sta**to/**sta**ta]
bestohlen	derubato/derubata [deru**ba**to/deru**ba**ta]
auf der Straße/am Strand überfallen.	aggredito/aggredita sulla strada/ sulla spiaggia. [aggre**di**to/aggre**di**ta **sul**la **stra**da/**sul**la **spja**dscha]
Dieser Mann belästigt mich/ verfolgt mich.	Questo uomo mi dà fastidio/mi segue. [**kwes**to **uo**mo mi da fa**sti**djo/mi **se**gue]
Mein Auto ist aufgebrochen worden.	La mia macchina è stata forzata. [la **mi**a **ma**kkina ä **sta**ta for**za**ta]
... ist gestohlen worden!	**È stato rubato/stata rubata** [ä **sta**to ru**ba**to/**sta**ta ru**ba**ta]
Mein Ausweis	la mia carta di identità [la **mi**a **kar**ta di identi**ta**]
Mein Auto/Fahrrad	la mia macchina/bicicletta [la **mi**a **ma**kkina/bitschi**klet**ta]
Meine Brieftasche	il mio portafoglio [il **mi**o porta**fo**ljo]
Mein Fotoapparat	la mia macchina fotografica [la **mi**a **ma**kkina foto**gra**fika]
Meine Handtasche	la mia borsa [la **mi**a **bor**sa]
Meine Schecks/ Meine Scheckkarte	i miei assgeni/la mia carta bancaria [i **mjei** as**sen**ji/la **mi**a **kar**ta ban**kar**ja]
Meine Uhr	il mio orologio. [il **mi**o oro**lo**dscho]
Ich möchte ... anzeigen.	**Io vorrei denunciare** [io wor**re**i denun**tscha**re]
einen Diebstahl	un furto [un **fur**to]
einen Betrug	un imbroglio [un im**brol**ljo]
einen Überfall	un'aggressione [unaggres**sjo**ne]
eine Vergewaltigung	uno stupro. [uno **stu**pro]
Ich möchte	**Io vorrei** [io wor**re**i]
einen Unfall melden	avvisare un incidente [awwi**sa**re un intschi**den**te]
mit einem Anwalt/ mit meiner Botschaft sprechen.	parlare con un avvocato/con la mia ambasciata. [par**la**re kon un awwo**ka**to/ kon la **mi**a amba**scha**ta]

Öffnungszeiten

Geschäfte sind in der Regel Montag bis Samstag von 9 bis 13 Uhr und von 16 bis 19 Uhr geöffnet, Bekleidungsgeschäfte haben am Montagvormittag für gewöhnlich geschlossen. Die Banken sind von Montag bis Freitag von 8.30 bis 13 Uhr und von 14.45 bis 15.45 Uhr geöffnet.

Die landesübliche Mittagspause *(siesta)* liegt zwischen 13 und 16 Uhr. In dieser Zeit geht gar nichts – das öffentliche Leben ruht. Übrigens: Im August macht ganz Italien Urlaub, fast alle öffentlichen Einrichtungen sind geschlossen. Dies sollte man bei der Urlaubsplanung berücksichtigen.

Spricht hier jemand Deutsch/Englisch? — C'è qualcuno che parla tedesco/inglese? [tschä kwal**ku**no ke **par**la te**de**sko/in**gle**se]

Ich brauche — **Io ho bisogno di** [io o bi**so**njo di]
- einen Dolmetscher — un interprete [un in**ter**prete]
- eine Bescheinigung für meine Versicherung. — un certificato per la mia assicurazione. [un tschertifi**ka**to per la **mi**a assikura**zjo**ne]

Ich bin nicht schuld. — Io non ho colpa. [io non o **kol**pa]

Damit habe ich nichts zu tun. — Io non ho niente a che vedere. [io non o **njen**te a ke we**de**re]

* Quando/Dove è successo? [**kwan**do/**do**we ä su**tsche**sso] — Wann/Wo ist es passiert?

Notruf, Notfall

▶ **(Siehe auch Panne, Unfall, S. 25, und Im Krankenhaus, S. 75.)**

* Attenzione! [atten**zjo**ne] — Achtung!
* Pericolo (di vita)! [pe**ri**kolo di (**wi**ta)] — (Lebens-)Gefahr!
* Uscita di emergenza [u**schi**ta di emer**dschen**za] — Notausgang

Hilfe! — Aiuto! [a**ju**to]/Soccorso! [so**kkor**so]

Öffnungszeiten

Wann öffnet/schließt — **Quando apre/chiude** [**kwan**do apre/**kju**de]
- der Supermarkt — il supermercato [il supermer**ka**to]
- das Geschäft — il negozio [il ne**go**zjo]
- die Bank — la banca [la **ban**ka]
- das Postamt — l'ufficio postale [lu**ffi**tscho pos**ta**le]
- das Museum? — il museo? [il mu**se**o]

Haben Sie — **Ha** [a]
- mittags geöffnet — aperto a mezzogiorno [a**per**to a mezzo**dschor**no]
- einen Ruhetag? — un giorno di riposo? [un **dschor**no di ri**po**so]

Post

Wo ist hier bitte die Post ein Briefkasten?	**Per favore dov'è** [per fa**wo**re do**wä**] l'ufficio postale [lu**ffi**tscho pos**ta**le] una cassetta postale? [**u**na kas**se**tta pos**ta**le]
Ich möchte 10 Briefmarken/ Sondermarken für Karten/Briefe nach Deutschland/nach Österreich/in die Schweiz eine Telefonkarte.	**Io vorrei** [io wo**rre**i] dieci francobolli/serie speciale [**dje**tschi franko**bo**lli/**se**rje spe**tscha**le] per cartoline/lettere [per karto**li**ne/**le**ttere] per la Germania/per l'Austria/per la Svizzera [per la d~~sch~~er**ma**nja/per l**aus**tria/per la **swi**zzera] una carta telefonica. [**u**na **kar**ta tele**fo**nika]
Per Luftpost, bitte. Per Expreß, bitte.	Per via aerea, prego. [per **wi**a a**e**rea **prä**go] Per espresso, prego. [per es**pre**sso **prä**go]
* Fermo posta. [**fer**mo **pos**ta]	Postlagernd.
Ist Post für mich da? Mein Name ist ...	C'è posta per me? [tschä **pos**ta per me] Il mio nome è ... [il **mi**o **no**me ä]
Ich möchte ein Päckchen/ ein Telegramm aufgeben. Wieviel kosten 10 Wörter?	Io vorrei mandare un pacchetto/un telegramma. [io wo**rre**i man**da**re un pa**ke**tto/un tele**gra**mma] Quanto costano dieci parole? [**kwan**to **kos**tano **dje**tschi pa**ro**le]
Ich möchte nach Deutschland/ nach Österreich/in die Schweiz telefonieren. Kann ich durchwählen?	Vorrei telefonare in Germania/in Austria/ in Svizzera. [wo**rre**i telefo**na**re in d~~sch~~er**ma**nja/ in **aus**tria/in **swi**zzera] Posso telefonare direttamente? [**po**sso telefo**na**re diretta**men**te]

▶ **(Siehe auch Telefonieren, S. 82.)**

Kann ich hier ein Telefax nach ... abschicken?	Si può mandare da qui un telefax a ...? [si pu**o** man**da**re da kwi un tele**fax** a]
Wieviel kostet das?	Quanto costa? [**kwan**to **kos**ta]

Im Vatikanstaat sind auch die Postkästen anders: blau – im Gegensatz zu den roten italienischen Briefkästen

Radio und Fernsehen

Auf welcher Frequenz kann man ... empfangen?	**Da quale frequenza si può ricevere** [da kwale frekwenza si puo ritschewere]
den Verkehrsfunk	il programma sul traffico [il programma sul traffiko]
deutsche/englische Radiosendungen	i programmi tedesci/inglesi? [i programmi tedeski/inglesi]
Um wieviel Uhr gibt es Nachrichten?	A che ora ci sono le notizie? [a ke ora tschi sono le notizje]
Haben Sie ein Fernsehprogramm?	Ha un giornale con i programmi televisivi? [a un dschornale kon i programmi telewisiwi]
Welche Programme sind zu empfangen?	Quali programmi si ricevono? [kwali programmi si ritschewono]

Telefonieren

(Wo) Kann ich hier	**(Dove) Posso** [(dowe) posso]
telefonieren	telefonare [telefonare]
eine Telefonkarte kaufen?	comprare una carta telefonica? [komprare una karta telefonika]
Gibt es hier	**C'è qui** [tschä kwi]
eine Telefonzelle	una cabina telefonica [una kabina telefonika]
ein öffentliches Telefon	un telefono pubblico [un telefono pubbliko]
ein Münz-/Kartentelefon	un telefono a gettoni/con tessera [un telefono a dschettoni/kon tessera]
eine Telefonzelle, in der ich angerufen werden kann?	una cabina telefonica dove posso essere richiamato? [una kabina telefonika dowe posso essere rikjamato]
Können Sie bitte wechseln?	Per favore può cambiare? [per fawore puo kambjare]
Ich brauche Münzen zum Telefonieren.	Ho bisogno di moneta per telefonare. [o bisonjo di moneta per telefonare]
Kann ich ein Telefonbuch von ... haben?	Posso avere un elenco telefonico di ... ? [posso awere un elenko telefoniko di]
Kann ich durchwählen nach ...?	Posso telefonare direttamente a ...? [posso telefonare direttamente a]
Bitte ein Ferngespräch nach ...!	Prego una telefonata interurbana a ...! [prägo una telefonata interurbana a]
Wie lange muß ich warten?	Quanto devo aspettare? [kwanto dewo aspettare]
Was kostet eine Minute nach ...?	Quanto costa un minuto per ...? [kwanto kosta un minuto per]
Gibt es einen günstigen Nachttarif?	C'è una tariffa economica notturna? [tschä una tariffa ekonomika notturna]
Ich möchte ein R-Gespräch anmelden.	Io vorrei annunciare una telefonata a carico del ricevente [io worrei annuntschare una telefonata a kariko del ritschewente]
* Occupato. [okupato]	Besetzt.
* Non risponde nessuno. [non risponde nessuno]	Es meldet sich niemand.

Telefonieren

Neben den öffentlichen Fernsprechämtern der Telefongesellschaft Telecom gibt es überall Telefonzellen, die entweder mit einer Telefonkarte *(scheda telefonica)*, speziellen Telefonmünzen, den *gettoni*, aber auch mit Münzen zu 100, 200 oder 500 Lire bedient werden können. Telefonkarten zu 5000 oder 10 000 Lire und Gettoni (200 Lire) kann man bei den Tabacchi und der Telecom kaufen.

Die Vorwahl nach Deutschland ist 00 49, nach Österreich 00 43, in die Schweiz 00 41.

Gratis können folgende Nummern angerufen werden: Polizei: 113; Feuerwehr: 112; Auskunft: 110.

Hallo!	Pronto! [**pron**to]
Wer spricht?	Chi parla? [ki **par**la]
Hier spricht ...	Qui parla ... [kwi **par**la]
Kann ich Herrn/Frau ... sprechen?	Posso parlare con il signor/la signora ...? [**po**sso par**la**re **ko**n il si**njor**/la si**njo**ra]
* È all'apparecchio. [ä allappa**re**kkio]	Am Apparat.
* Lui/Lei purtroppo non è qui. [**lui**/**läi** pur**tro**ppo non ä kwi]	Er/Sie ist leider nicht da.
Sprechen Sie Deutsch/ Englisch?	Lei parla tedesco/inglese? [**läi** **par**la te**des**ko/in**gle**se]
Wann ist er/sie zu sprechen?	Quando si può parlare con lui/lei? [**kwan**do si pu**o** par**la**re kon **lui**/**läi**]
Ich rufe später wieder an.	Io ritelefono più tardi. [io rite**le**fono pju **tar**di]
Richten Sie bitte aus, daß ich angerufen habe.	Dica per favore che io ho telefonato. [**di**ka per fa**wo**re ke **io** o telefo**na**to]
Meine Nummer ist ...	Il mio numero è ... [il **mio** **nu**mero ä]
Danke, auf Wiederhören!	Grazie, a risentirci! [**gra**zje a risen**tir**tschi]

Toiletten

Wo sind die Toiletten bitte?	Dove sono i gabinetti per favore? [**do**we **so**no i gabi**ne**tti per fa**wo**re]
Gibt es hier eine öffentliche Toilette?	Ci sono qui gabinetti pubblici? [tschi **so**no kwi gabi**ne**tti **pu**bblitschi]
* Donne./Uomini. [**do**nne/**uo**mini]	Damen./Herren.

Trinkgeld

Ist der Service im Preis inbegriffen?	Il servizio è compreso nel prezzo? [il ser**wi**zjo ä kom**pre**so nel **pre**zzo]
Wieviel Trinkgeld ist üblich?	Quant'è la mancia di solito? [kwan**tä** la **man**tscha di **so**lito]
Das ist für Sie!	Questo è per Lei! [**kwes**to ä per **läi**]
Behalten Sie den Rest!	Si tenga pure il resto! [si **ten**ga **pu**re il **res**to]
Stimmt so!	Va bene così! [wa **be**ne ko**si**]

i

Reisewörterbuch Deutsch-Italienisch

A

Abend sera [**se**ra] 12, 19
Abendessen cena [**tsche**na] 34, 40
Abfahrt partenza [par**ten**za] 28, 31
Abflug decollo [de**ko**llo] 30
Abschied congedo [kon**dsche**do] 12
Abteil scompartimento [skomparti**men**to] 29
Achtung attenzione [atten**zjo**ne] 23, 54
Adresse indirizzo [indi**ri**zzo] 15, 27
Ärmel manica [**ma**nika] 65
alle tutti [**tu**tti]
Allee viale [wi**a**le]
allein solo [**so**lo]
alles tutto [**tu**tto]
alt vecchio [**wä**kkjo]
Alter età [e**ta**] 14
Ampel semaforo [se**ma**foro] 22
Amt ufficio [u**ffi**tscho] 49, 81
anderer/andere altro/altra [**al**tro/**al**tra]
anders diversamente [diwersa**men**te]
Anfang inizio [i**ni**zjo]
Angst paura [pa**u**ra] 72, 79
Anorak anorak [**a**norak] 67
Anrufbeantworter segreteria telefonica [segrete**ri**a tele**fo**nika] 82
Anschluß(flug/-zug) coincidenza (per l'aereo/treno) [kointschi**den**za (per la**e**reo/**tre**no)] 29, 30
anstrengend faticoso/-a [fati**ko**so/-a]
Antiquitäten antichità [antiki**ta**] 68
Anwalt avvocato [awwo**ka**to] 79
Anzug vestito da uomo [we**sti**to da u**o**mo] 67
Apotheke farmacia [farma**tschi**a] 76
Arbeit lavoro [la**wo**ro] 14
Arena arena [a**re**na] 50
Arm braccio [**bra**tscho] 73
arm povero [**po**wero]
Arzt medico [**me**diko] 72
Aufenthalt soggiorno [so**dschor**no] 15
Aufzug ascensore [aschen**so**re] 38
Augenblick momento [mo**men**to] 14
Ausfahrt uscita [u**schi**ta] 23
Ausflug escursione [eskur**sjo**ne] 52
Ausgang uscita [u**schi**ta] 29
Auskunft informazione [informa**zjo**ne] 29, 49
Ausländer straniero [stra**nje**ro] 14, 21
Aussicht panorama [pano**ra**ma] 50
Aussichtspunkt punto di vista [**pun**to di **wis**ta] 50
Ausverkauf saldi [**sal**di] 61
Ausweis carta di identità [**kar**ta di identi**ta**] 21, 79
Auto auto [**au**to]; macchina [**ma**kkina] 22, 24

B

Baby neonato [neo**na**to]
Babyfläschchen biberon [bibe**ron**] 71
Babynahrung alimento per l'infanzia [ali**men**to per linf**an**zja] 62
Bad bagno [**ba**njo] 33, 53
Badeanzug costume da bagno per donna [ko**stu**me da **ba**njo per **do**nna] 67
Badehose costume da bagno per uomo [ko**stu**me da **ba**njo per u**o**mo] 67
Bäckerei panetteria [panette**ri**a] 61
Bahnhof stazione [sta**zjo**ne] 29
Bahnsteig binario [bi**na**rjo] 29
Ball palla [**pa**lla] 55
Bank banca [**ban**ka] 78
Bargeld contanti [kon**tan**ti] 78
Batterie batteria [batte**ri**a] 26, 66, 67
Baum albero [**al**bero] 54
Baumwolle cotone [ko**to**ne] 66
Bedienung personale di servizio [perso**na**le di ser**wi**zjo] 41, 61
Bein gamba [**gam**ba] 73
Benzin benzina [ben**zi**na] 24
Berg montagna [mon**ta**nja] 50
Beruf professione [profe**ssjo**ne] 14
Bescheinigung certificato [tschertifi**ka**to] 76, 79
Beschwerde lagnanza [la**njan**za] 34, 42
besetzt occupato/-a [okku**pa**to/-a]
Besichtigung visita [**wi**sita] 49, 52
Besitzer proprietario [proprie**ta**rjo]

Besteck posate [po**sa**te] 38, 43
betrunken ubriaco/-a [u**bria**ko/-a]
Bett letto [**le**tto] 32, 38
BH reggiseno [redsch**ise**no] 67
Bier birra [**bi**rra] 48
Bikini bikini [bi**ki**ni] 67
Bild quadro [**kwa**dro] 50, 68
billig economico [eko**no**miko]
(ein) bißchen (un) poco [(un) **po**ko]
bitte prego [**prä**go]
Blitz fulmine [**ful**mine] 20, 68
Blume fiore [**fjo**re] 61
Bluse blusa [**blu**sa] 65
Blut sangue [**san**gue] 72
Boden pavimento [pawi**men**to]
böse cattivo/-a [ka**tti**wo/-a]
Boot barca [**bar**ka] 53
Botschaft ambasciata [amba**scha**ta] 79
Brand incendio [in**tschen**djo] 80
breit largo/-a [**lar**go/-a]
Brief lettera [**le**ttera] 65, 81
Briefkasten cassetta per lettera [ka**sse**tta per **le**ttera] 81
Briefmarke francobollo [franko**bo**llo] 81
Brieftasche portafoglio [porta**fo**ljo] 79
Brille occhiali [o**kkja**li] 68
Brosche spilla [**spi**lla] 66
Bruder fratello [fra**te**llo] 13
Brücke ponte [**pon**te] 50, 75
Buch libro [**li**bro] 65
Buchhandlung libreria [libre**ri**a] 65
Bucht baia [**ba**ja] 53
Büro ufficio [u**ffi**tscho]
Burg castello [ka**ste**llo] 50
Bus pullman [**pull**man] 28, 29
Busbahnhof stazione dei pullman [sta**zjo**ne **dei** **pull**man] 28, 29

C

Café caffè [ka**ffä**] 40
Campingplatz campeggio [kam**pe**dscho] 36
Charterflug volo charter [**wo**lo **tschar**ter] 30
Cousin cugino [ku**dschi**no] 13
Cousine cugina [ku**dschi**na] 13

D

Dame signora [si**njo**ra]
Damenbinden pannolino [panno**li**no] 71
Damen(toilette) donne [**do**nne] 71, 83
danke grazie [**gra**zje] 13
Datum data [**da**ta] 18
Decke coperta [ko**per**ta] 38
defekt difetto/-a [di**fe**tto/-a]
Delikatesse delicatezza [delika**te**zza] 40
Deodorant deodorante [deodo**ran**te] 71
deutsch tedesco/-a [te**des**ko/-a] 13
Deutsche Mark marco tedesco [**mar**ko te**des**ko] 78
Deutschland Germania [dscher**ma**nja] 13
dick grosso/-a [**gro**sso/-a]
Diebstahl furto [**fur**to] 79
Dienstag martedì [marte**di**] 18
Diesel gasolio [ga**so**lio] 24
Ding cosa [**ko**sa]; oggetto [o**dsche**tto]
direkt diretto [di**re**tto]
Direktflug volo diretto [**wo**lo di**re**tto] 30
Direktor direttore [dire**tto**re] 32, 57
Diskothek discoteca [disko**te**ka] 58
Dolmetscher interprete [in**ter**prete] 80
Donnerstag giovedì [dschowe**di**] 18
doppelt doppio [**do**ppjo]
Dorf paese [pa**e**se] 22, 50
dringend urgente [ur**dschen**te]
Drogerie drogheria [droge**ri**a] 70
dünn sottile [so**tti**le]
dumm stupido/-a [**stu**pido/-a]
dunkel scuro/-a [**sku**ro/-a]
Durchgang passaggio [pa**ssa**dscho] 23
Durst sete [**se**te] 48
Dusche doccia [**do**tscha] 33, 38, 55

E

Ebene pianura [pja**nu**ra] 54
echt vero [**we**ro]; genuino [dschenu**i**no]
Ecke angolo [**an**golo]
Ehefrau moglie [**mo**lje] 13
Ehemann marito [ma**ri**to] 13
Ehepaar coppia sposata [**ko**ppja spo**sa**ta] 13
Eingang entrata [en**tra**ta]
einige alcuni [al**ku**ni]
einmal una volta [**u**na **wol**ta]
einsam solo/-a [**so**lo/-a]
Eintritt entrata [en**tra**ta] 49, 57
Eintrittskarte biglietto di entrata [bi**lje**tto di en**tra**ta] 49, 57
einverstanden d'accordo [da**kkor**do]
Einwohner abitante [abi**tan**te]

Elekrohandlung negozio di elettrodomestici [negozjo di elettrodomestitschi] 67
Eltern genitori [dsehenitori] 13
Endstation l'ultima stazione [lultima stazjone] 28, 29
England Inghilterra [ingilterra] 13
englisch inglese [inglese] 13
Enkelkind nipote [nipote] 13
Entschuldigung scusa [skusa] 13
Erde terra [terra]
Erdgeschoß piano terra [pjano terra] 32
Ergebnis risultato [risultato] 54
Erinnerung ricordo [rikordo]
ernst serio/-a [serio/-a]
erschöpft esaurito/-a [esaurito/-a]
Erwachsener adulto [adulto] 29, 76
Erzählung racconto [rakkonto]
Erziehung educazione [edukazjone]
Esel asino [asino]
eßbar mangiabile [mandsehabile]
Essen mangiare [mandsehare] 40, 43
etwas qualcosa [kwalkosa]

F

Fabrik fabbrica [fabbrika]
Fähre traghetto [tragetto] 31
Fahrer autista [autista]; conducente [kondutschente] 28, 29
Fahrkarte biglietto [biljetto] 28, 29
Fahrplan orario di viaggio [orarjo di wjadseho] 28, 29
Fahrrad bicicletta [bitschikletta] 22
falsch falso/-a [falso/-a]
Familie famiglia [familja] 13
Farbe colore [kolore] 20
faul pigro/-a [pigro/-a]
Fehler errore [errore] 25, 79
Feiertag giorno di festa [dsehorno di festa] 78
Feld campo [kampo] 54
Ferien vacanze [wakanze]
Ferienhaus casa per le vacanze [kasa per le wakanze] 35
Ferngespräch chiamata interurbana [kjamata interurbana] 82
fertig pronto/-a [pronto/-a]; finito/-a [finito/-a]
Fest festa [festa] 78
fest fermo/-a [fermo/-a]
feucht umido/-a [umido/-a]
Feuer fuoco [fuoko] 80
Feuerlöscher estintore [estintore] 80
Feuerwehr pompiere [pompjere] 80
Finger dito [dito] 73
Firma ditta [ditta]
Fischgeschäft pescheria [peskeria] 64
Flasche bottiglia [bottilja] 43, 64
Flaschenöffner apribottiglia [apribottilja] 61
Fliege mosche [moske]
Fliegennetz rete per le mosche [rete per le moske]
flirten flirtare [flirtare)]
Flohmarkt mercatino delle pulci [merkatino delle pultschi] 61
Flug volo [wolo] 30
Flughafen aeroporto [aeroporto] 30
Flugzeug aereo [aereo] 30
Fluß fiume [fjume] 50, 54
Formular modulo [modulo] 21, 79
Fotoapparat macchina fotografica [makkina fotografika] 67, 68
Fotogeschäft negozio fotografico [negozjo fotografiko] 67
Fräulein signorina [sinjorina] 12
Frage domanda [domanda] 16
französisch francese [frantschese] 13
Frau signora [sinjora] 12, 13
frei libero/-a [libero/-a]
Freitag venerdì [wenerdi] 18
Fremdenverkehrsamt ufficio di informazioni turistiche [uffitscho di informazjoni turistike] 49
Freund amico [amiko] 13, 14
Freundin amica [amika] 13, 14
frisch fresco/-a [fresko/-a]
Friseur parrucchiere [parrukkjere]
Frühling primavera [primawera] 18
Frühstück colazione [kolazjone] 33, 41, 44
Führerschein patente di guida [patente di guida] 21, 79
Führung guida [guida] 49, 52
Fundbüro ufficio degli oggetti smarriti [uffitscho delji odsehetti smarriti] 79
Fuß piede [pjede] 73
Fußball calcio [kaltscho] 54, 56
Fußgänger pedone [pedone] 49, 52

G

Gabel forchetta [forketta] 43
Garage garage [garadsehe] 23, 33, 38
Garantie garanzia [garanzia] 22, 61

Garten giardino [dsehardino] 50
geboren nato/-a [nato/-a]
Gebühr tariffa [tariffa] 78
Geburtstag compleanno [kompleanno] 14
Gefahr pericolo [perikolo] 23, 54, 80
gekocht cucinato/-a [kutschinato/-a]
Geld soldi [soldi] 78
Geldbeutel portamonete [portamonete] 79
Geldwechsel cambio [kambjo] 78
Gemüse verdura [werdura] 62
geöffnet aperto/-a [aperto/-a] 80
Gepäck bagaglio [bagaljo] 29, 32, 38
Gepäckaufbewahrung deposito bagagli [deposito bagalji] 29, 30
geradeaus dritto [dritto]
Gericht tribunale [tribunale]
gern volentieri [wolentjeri]
Geruch odore [odore] 40
Geschäft negozio [negozjo] 61
Geschenk regalo [regalo] 68
geschlossen chiuso/-a [kjuso/-a] 80
Geschmack gusto [gusto] 40
Geschwindigkeit velocità [welotschita] 19
gesund sano/-a [sano/-a]
Getränk bevanda [bewanda] 48
getrennt diviso/-a [diwiso/-a]
Gewicht peso [peso] 19, 61
Gewitter temporale [temporale] 20
giftig velenoso/-a [welenoso/-a]
Glas vetro [wetro]; *(Trinkglas)* bicchiere [bikkjere] 43, 50
glücklich felice [felitsche]
Grad grado [grado] 20, 73
Gramm grammo [grammo] 19, 64
Grenze confini [konfini] 21
groß grande [grande]
Großmutter nonna [nonna] 13
Großvater nonno [nonno] 13
Gruppe gruppo [gruppo]
gültig valido/-a [walido/-a]
Gürtel cintura [tschintura] 67
Gummistiefel stivale di gomma [stiwale di gomma] 65
Gurt cinghia [tschingja] 26, 67
gut bene [bene]

H

Haarbürste spazzola per capelli [spazzola per kapelli] 71
Haare capelli [kapelli]
Haarspray lacca per capelli [lakka per kapelli] 71
häßlich brutto/-a [brutto/-a]
Hafen porto [porto] 31, 50
halb mezzo [mezzo]
Halstuch fazzoletto da collo [fazzoletto da kollo] 67
Haltestelle fermata [fermata] 28, 29
Handgepäck bagaglio a mano [bagaljo a mano] 30
Handschuhe guanti [guanti] 67
Handtasche borsetta [borsetta] 68, 79
Handtuch fazzoletto [fazzoletto] 38
hart duro/-a [duro/-a]
Haus casa [kasa] 35
hausgemacht fatto in casa [fatto in kasa]
Haushaltswaren articoli da casa [artikoli da kasa] 61
Heimat patria [patrja] 13
heiß caldo/-a [kaldo/-a]
Heizung riscaldamento [riskaldamento] 38
Hemd camicia [kamitscha] 65
Herbst autunno [autunno] 18
Herein! Avanti! [awanti]
Herr signore [sinjore] 12
Herren signori [sinjori]; *(Toilette)* uomini [uomini] 83
Hilfe! Aiuto! [ajuto] 79, 80
hinter indietro [indjetro]
Hobby hobby [obbi]
hoch alto/-a [alto/-a]
Hochzeit matrimonio [matrimonjo]
hoffen sperare [sperare]
Holz legno [lenjo] 36
Hose pantaloni *(m/Pl)* [pantaloni] 65
Hotel hotel [otel] 32
hübsch carino/-a [karino/-a]
Hütte capanna [kapanna] 36
Hund cane [kane] 35
Hunger fame [fame] 40
Hut cappello [kappello] 67

I

Imbiß spuntino [spuntino] 40
Immobilien(makler) (mediatore di) immobili [(medjatore di) immobili]
inklusiv incluso [inkluso]
Insel isola [isola] 50
intelligent intelligente [intellidsehente]
interessant interessante [interessante] 52

J

Ja si [si]
Jacke giacca [dschakka] 65
Jahr anno [anno] 18, 20
Jahreszeit stagione [stadschone] 18
Jugendherberge ostello [ostello] 38
jung giovane [dschowane]
Junge ragazzo [ragazzo]
Junggeselle scapolo [skapolo] 14, 15
Juwelier gioielliere [dschoielljere] 66

K

Kabine cabina [kabina] 31
kalt freddo/-a [freddo/-a]
Kamera macchina fotografica [makkina fotografika] 67
Kamm pettine [pättine] 71
kaputt rotto/-a [rotto/-a]
Kasse cassa [kassa] 57, 61
Kathedrale cattedrale [kattedrale] 50
Katze gatto [gatto] 35
kaufen comprare [komprare] 61
Kaufhaus negozio [negozjo] 61
Kaution cauzione [kauzjone] 23
Kellner cameriere [kamerjere] 41
Kellnerin cameriera [kamerjera] 41
Keramik ceramica [tscheramika] 68
Kette catena [katena] 26
Kilo chilo [kilo] 19, 64
Kilometer chilometro [kilometro] 19, 23
Kind bambino [bambino] 29, 42, 76
Kino cinema [tschinema] 57
Kiosk chiosco [kjosko] 61
Kirche chiesa [kjesa] 51
Kissen cuscino [kuschino] 38
klar chiaro/-a [kjaro/-a]
Kleid vestito [westito] 65
Kleidung abbigliamento [abbiljamento] 65
klein piccolo/-a [pikkolo/-a]
Klimaanlage aria condizionata [arja kondizjonata] 26, 38
Kloster convento [konwento] 51
Kneipe cantina [kantina] 40
Knopf bottone [bottone]
Koch cuoco [kuoko] 40
Köchin cuoca [kuoka] 40
Körper(lotion) (lozione per il) corpo [(lozjone per il) korpo] 71
Koffer valigia [walidscha] 29, 32, 79
Konditorei pasticceria [pastitscheria] 61
Kondom profilattico [profilattiko] 71
Konsulat consolato [konsolato] 79
Konzert concerto [kontscherto] 57
Kopf testa [testa] 73
Korkenzieher cavatappi [kawatappi] 61
Kosmetik(salon) (salone di) cosmetica [(salone di) kosmetika] 71
kosten assaggiare [assadschare]
Kostüm costume [kostume] 67
Kragen colletto [kolletto] 65
krank malato/-a [malato/-a]
Krankenhaus ospedale [ospedale] 74
Krankenwagen autoambulanza [autoambulanza] 25, 75, 80
Krawatte cravatta [krawatta] 67
Kreditkarte carta di credito [karta di kredito] 33, 78
Kreuzfahrt crociera [krotschera] 31
Küste costa [kosta] 53
Kultur cultura [kultura] 57
Kunstgalerie galleria d'arte [galleria darte] 51
Kunsthandwerk artigianato artistico [artidschanato artistiko] 68
Kurswagen vagone diretto [wagone diretto] 29
kurz corto [korto]
Kuß bacio [batscho]

L

Laden negozio [negozjo] 61
Länge lunghezza [lungezza] 19
Lärm rumore [rumore]
Land paese [paese]
Landausflug gita campestre [dschita kampestre] 31
Landgut tenuta [tenuta]; possedimento rurale [possedimento rurale] 32
Landkarte carta geografica [karta dscheografika] 49
Landschaft panorama [panorama] 51
Landstraße strada provinciale [strada prowintschale] 22
Landung sbarco [sbarko]; atterraggio [atterradscho] 30
lang lungo [lungo]
langsam lentamente [lentamente]
langweilig noioso [nojoso]
Lastwagen camion [kamion] 23
laut rumoroso [rumoroso]
leben vivere [wiwere]

Lebensmittel viveri [wiweri] 62, 64
Leder pelle [pelle] 66
Lederwaren articoli di pelle [artikoli di pelle] 68
ledig celibe *(m)* [tschelibe]/ nubile *(f)* [nubile] 14
leer vuoto/-a [wuoto/-a]
leicht leggero/-a [ledschero/-a]
Leinen lino [lino] 66
leise a bassa voce [a bassa wotsche]
Licht luce [lutsche] 34, 39
lieben amare [amare]
Liegestuhl sedia a sdraio [sedja a sdrajo] 53
Liegewagen carrozza a cuccette [karrozza a kutschette] 29
Linienflug volo di linea [wolo di linea] 30
links sinistra [sinistra]
Lippenstift rossetto [rossetto] 71
Liter litro [litro] 19, 64
Löffel cucchiaio [kukkjajo] 43
Luft aria [arja]
Luftkissenboot aliscafo [aliskafo] 31
Luftmatratze materasso pneumatico [materasso pneumatiko] 53

M

Mädchen ragazza [ragazza]
Mahlzeit pasto [pasto] 40
Make-up make-up [mäikap] 71
Mann uomo [uomo] 13
Mantel cappotto [kappotto] 67
Markt mercato [merkato] 51, 61, 64
Markthalle mercato coperto [merkato koperto] 61
Medikament medicina [meditschina] 73
Meer mare [mare] 53
Meeresfrüchte frutti di mare [frutti di mare] 45
Messe *(Kirche)* messa [messa]
Messer coltello [koltello] 43
Meter metro [metro] 19
Metzgerei macelleria [matschelleria] 61
Minute minuto [minuto] 19
Mittag mezzogiorno [mezzodschorno] 18, 19
Mittagessen pranzo [pranzo] 34, 40
Mittwoch mercoledì [merkoledi] 18
Mode moda [moda] 65
modern moderno/-a [moderno/-a]
Möbel mobili [mobili] 61
Möbelgeschäft mobilificio [mobilifitscho] 61
möglich possibile [possibile]
Moment momento [momento] 14
Monat mese [mese] 18
Montag lunedì [lunedi] 18
Morgen mattino [mattino] 12, 15
morgen domani [domani] 18
Motor motore [motore] 26, 27
Motorrad moto [moto] 22
Mücke zanzara [zanzara]
Mückenschutz rimedio antizanzare [rimedjo antizanzare] 71, 76
müde stanco/-a [stanko/-a]
Müll spazzatura [spazzatura] 39
Münze monete [monete] 39, 78, 82
Mütze berretto [berretto] 67
Museum museo [museo] 51
Musik musica [musika] 57, 58
Mutter madre [madre] 13

N

Nachbar vicino [witschino] 13
Nachrichten notizie [notizje] 82
Nacht notte [notte] 12, 19
Nachthemd camicia da notte [kamitscha da notte] 67
Nachtisch dessert [desser] 47
nackt nudo/-a [nudo/-a]
nächster/nächste prossimo/prossima [prossimo/prossima]
Nagelbürste spazzola per le unghie [spazzola per le ungje] 71
Nagelfeile limetta per le unghie [limetta per le ungje] 71
Nagellack smalto per unghie [smalto per le ungje] 71
Nagellackentferner acetone per smalto delle unghie [atschetone per smalto delle ungje] 71
Nagelschere forbici per unghie [forbitschi per le ungje] 71
nahe vicino/-a [witschino/-a]
Name nome [nome] 12, 40
naß bagnato/-a [banjato/-a]
Natur natura [natura] 54
Naturfaser fibra naturale [fibra naturale] 66
Neffe nipote [nipote] 13
nein no [no]
nett gentile [dschentile]
neu nuovo/-a [nuowo/-a]

nicht non [non]
Nichte nipote [ni**po**te] 13
Nichtraucher non fumatore [non fuma**to**re] 30, 31
nichts niente [**njen**te]
nie mai [**mai**]
niedrig basso/-a [**bas**so/-a]
niemand nessuno [nes**su**no]
nirgends da nessuna parte [da nes**su**na **par**te]
nötig necessario [netsche**ssa**rio]
Norden nord [nord] 22
normal normale [nor**ma**le]
Notar notaio [no**ta**jo] 79
Notausgang uscita di emergenza [u**schi**ta di emer**d~~seh~~en**za] 58
Notbremse freno di emergenza [**fre**no di emer**d~~seh~~en**za] 29
Notrufsäule colonna per chiamata di soccorso [ko**lon**na per kja**ma**ta di so**kkor**so] 25, 80
Nummer numero [**nu**mero] 22, 82

O

Ober cameriere [kamer**je**re] 41
Obst frutta [**frut**ta] 62
Obstgeschäft fruttivendolo [frutti**wen**dolo] 61
öffentlich pubblico [**pu**bbliko]
Öffnungszeiten orari di apertura [o**ra**ri di aper**tu**ra] 49, 80
Österreich Austria [**au**stria] 13
österreichisch austriaco/-a [aus**tri**ako/-a] 13
offen aperto/-a [a**per**to/-a] 80
oft spesso [**spes**so]
Ohrringe orecchini [ore**kki**ni] 66
Onkel zio [**zio**] 13
Optiker ottico [**ot**tiko] 68
Ort posto [**pos**to]; luogo [lu**o**go] 22
Osten est [est]; oriente [ori**en**te] 22

P

Paar coppia [**ko**ppja] 20
Päckchen pacchetto [pa**kke**tto] 81
Palast palazzo [pa**la**zzo] 51
Panne panne [**pan**ne] 25, 79, 80
Papiere documenti [doku**men**ti] 21, 79
Parfüm profumo [pro**fu**mo] 71
Park parco [**par**ko] 51
Parkplatz parcheggio [par**ked**~~seh~~o] 23, 33
Paß passaporto [passa**por**to] 21, 79
Passagier passeggiero [passe**d~~seh~~e**ro] 30, 31
Pension pensione [pen**sjo**ne] 32, 39
Personalausweis carta d'identità [**kar**ta dedenti**ta**] 21, 79
Pflanze pianta [**pjan**ta] 54, 61
pH-neutral pH-neutro [pi **a**kka **nä**utro] 71, 76
Pinzette pinzetta [pin**zet**ta] 71
Platz piazza [**pja**zza] 22, 30, 41, 51
Politik politica [po**li**tika]
Polizei polizia [poli**zi**a] 79
Polizist poliziotto [poli**zjo**tto] 79
Portier portiere [por**tje**re] 32
Postamt ufficio postale [u**ffi**tscho pos**ta**le] 81
Postkarte cartolina postale [karto**li**na pos**ta**le] 81
Postleitzahl codice di avviamento postale [**ko**ditsche di awwia**men**to pos**ta**le] 81
Preis prezzo [**pre**zzo] 61
Priester prete [**pre**te]
Programm programma [pro**gram**ma] 82
Promille quantità per mille [kwanti**ta** per **mil**le]
Prozent percento [per**tschen**to]
Puder talco [**tal**ko] 71
pünktlich puntuale [puntu**a**le]
Pullover pullover [pu**llo**wer] 65

Q

Qualität qualità [kwali**ta**] 40, 61
Qualle medusa [me**du**sa] 53, 72
Quelle sorgente [sor**d~~seh~~en**te] 51, 54
Quittung ricevuta [ritsche**wu**ta] 43, 76

R

Rabatt sconto [**skon**to] 61
Radio radio [**ra**djo] 39, 82
Rasen erba [**er**ba]
Rasierapparat rasoio elettrico [ra**so**jo e**let**triko] 67, 71
Rasierklingen lamette da barba [la**met**te da **bar**ba] 71
Rasthaus posto di ristoro [**pos**to di ris**to**ro] 32
Rathaus municipio [muni**tschi**pjo] 51
rauchen fumare [fu**ma**re] 71
Raum spazio [**spa**zjo] 51
Rechnung conto [**kon**to] 39, 43
rechts destra [**des**tra]

Regen pioggia [pjodseha] 20
Regenjacke impermeabile [impermeabile] 65
Regierung governo [gowerno]
reich ricco/-a [rikko/-a]
Reifen pneumatico [pneumatiko] 26
Reihe fila [fila]
Reinigung pulizia [pulizia] 66
Reise viaggio [wjadseho]
Reisebüro agenzia di viaggi [adsehenzia di wjadsehi] 49, 52
Reiseführer guida turistica [guida turistika] 49, 65
Reisescheck assegno turistico [assenjo turistiko] 33, 78
Reißverschluß chiusura lampo [kjusura lampo] 61
Restaurant ristorante [ristorante] 40
Rettungsboot battello di salvataggio [battello di salwatadseho] 31, 53
Rettungsring salvagente [salwadsehente] 31, 53
Rezeption ricezione [ritschezjone] 32
richtig giusto/-a [dsehusto/-a]
Richtung direzione [direzjone] 22
Risiko rischio [riskjo] 23, 54, 80
Rock gonna [gonna] 65
Rucksack zaino [zaino] 54
Ruhe riposo [riposo]; tranquillità [trankwillita]
ruhig tranquillo/-a [trankwillo/-a]
rund rotondo/-a [rotondo/-a]
Rundfahrt giro turistico [dsehiro turistiko] 52

S

Saal sala [sala] 51
Sache cosa [kosa]
(Hoch-/Neben-)Saison (alta/fuori) stagione [(alta/fuori) stadsehone] 18
Sakko giacca [dsehakka] 67
Samstag sabato [sabato] 18
Sandalen sandali [sandali] 67
satt sazio/-a [sazjo/-a]
sauber pulito/-a [pulito/-a]
Schade! Peccato! [pekkato]
Schadensersatz risarcimento danni [risartschimento danni]
Schaffner controllore [kontrollore] 28, 29
Schal scialle [schalle] 67
Schallplatten dischi [diski] 61
Schalter sportello [sportello] 29, 57
Schaufenster vetrina [wetrina] 61
Scheck assegno [assenjo] 33, 78
Schere forbici [forbitschi] 71
Scherz scherzo [skerzo]
Schiff nave [nawe] 31
Schild insegna [insenja] 23, 29, 54
Schirm ombrello [ombrello] 61
Schlafanzug pigiama [pidsehama]
Schlafwagen carrozza letto [karrozza letto] 29
schlank snello/-a [snello/-a]
schlecht cattivo/-a [kattiwo/-a]
Schließfach cassetta di sicurezza [kassetta di sikurezza] 29
Schloß castello [kastello] 51
Schlüssel chiave [kjawe] 39
Schmerzen dolori [dolori] 72
Schmuck gioielli [dsehojelli] 66, 68
schmutzig sporco/-a [sporko/-a]
schnell veloce [welotsche]
Schnuller succhiotto [sukkjotto] 71
schön bello/-a [bällo/-a]
schrecklich spaventoso/-a [spawentoso/-a]
Schreibwaren cartoleria [kartoleria] 65
schriftlich scritto/-a [skritto/-a]
schüchtern timido/-a [timido/-a]
Schüssel terrina [terrina] 38
Schuhe scarpe [skarpe] 65
Schuhgeschäft calzoleria [kalzoleria] 65
Schuhbänder legaccioli [legatscholi] 65
Schuhcreme crema per scarpe [krema per skarpe] 65
Schuld colpa [kolpa]; debito [debito] 25, 79
Schwägerin cognata [konjata] 13
Schwager cognato [konjato] 13
Schwamm spugna [spunja] 71
schwanger gravida [grawida] 73
schwarz nero/-a [nero/-a] 20
Schweiz Svizzera [swizzera] 13
schwer pesante [pesante]
Schwester sorella [sorella] 13
schwierig difficile [diffitschile]
Schwimmbad piscina [pischina] 33, 53
Schwimmweste giubbotto di salvataggio [dsehubbotto di salwatadseho] 31, 55
schwindlig avere le vertigini [awere le wertidsehini] 72

See, die mare [**ma**re] 53
Seegang mareggiata [mare**dscha**ta] 31
Seeigel riccio di mare [**ri**tscho di **ma**re] 53, 72
Seekrankheit mal di mare [mal di **ma**re] 31, 72
Sehenswürdigkeit monumento [monu**men**to] 52
sehr molto [**mol**to]
Seide seta [**se**ta] 66
Seife sapone [sa**po**ne] 39
Seite lato [**la**to]
Sekunde secondo [se**kon**do] 19
Selbstbedienung autoservizio [autoser**wi**zjo] 40, 61
selten raro/-a [**ra**ro/-a]
Serviette tovagliolo [towa**ljo**lo] 43
Sex sesso [**ses**so]
Shorts pantaloncini *(m/Pl)* [pantalon**tschi**ni] 67
sicher sicuro/-a [si**ku**ro/-a]
Sicherheitsgurt cintura di sicurezza [tschin**tu**ra di siku**re**zza] 26
Sicherung valvola di sicurezza [**wal**wola di siku**re**zza] 26
Sicht vista [**wis**ta]
sichtbar visibile [wi**si**bile]
Situation situazione [situa**zjo**ne]
Sitzplatz posto a sedere [**pos**to a se**de**re] 28, 40
Socken calzini [kal**zi**ni] 65
Sohn figlio [**fi**ljo] 13
Sommer estate [es**ta**te] 18
Sonderangebot offerta speciale [of**fer**ta spe**tscha**le] 61
Sondertarif tariffa speciale [ta**ri**ffa spe**tscha**le] 30
Sonne sole [**so**le] 20
Sonnenbrand scottatura da sole [skotta**tu**ra da **so**le] 72, 76
Sonnenbrille occhiali da sole [o**kkja**li da **so**le] 70
Sonnencreme crema solare [**kre**ma so**la**re] 71
Sonnenmilch latte solare [**la**tte so**la**re] 71
Sonnenschirm ombrellone [ombre**llo**ne] 53, 61
Sonntag domenica [do**me**nika] 18
Souvenirs ricordini [rikor**di**ni] 68
Sparkasse cassa di risparmio [**ka**ssa di ris**par**mjo] 78
Spaß divertimento [diwerti**men**to] 57
Spaziergang passeggiata [passe**dscha**ta] 49, 54
Speisekarte menù [me**nu**] 44
Spezialitäten specialità [spetschali**ta**] 40
Spielzeug giocattolo [dscho**ka**ttolo] 61
Spielzeugladen negozio di giocattoli [ne**go**zjo di dscho**ka**ttoli] 61
Sport sport [sport] 54, 56
Sportartikel articoli sportivi [ar**ti**koli spor**ti**wi] 61
Sportplatz campo sportivo [**kam**po spor**ti**wo] 54
Sprache lingua [**lin**gua] 13
Spülmittel detersivo per i piatti [deter**si**wo per i **pja**tti] 71
Staat stato [**sta**to]
Staatsangehörigkeit nazionalità [nazjonali**ta**] 13
Stadt città [tschi**tta**] 22, 51
Stadtplan carta della città [**kar**ta **del**la tschi**tta**] 49, 65
Stadtteil quartiere [kwar**tje**re] 22, 51
Stadtzentrum centro storico [**tschen**tro **sto**riko] 22
Start partenza [par**ten**za] 54
Stein pietra [**pje**tra]
sterben morire [mo**ri**re]
Steward cameriere di bordo [kamer**je**re di **bor**do] 30, 31
Stewardeß hostess [**os**tess] 30, 31
Stiefel stivale [sti**wa**le] 67
Stockwerk piano [**pja**no] 32
Stoff stoffa [**sto**ffa] 66
Strafe multa [**mul**ta] 79
Strand spiaggia [**spja**dscha] 33, 53
Straße strada [**stra**da] 22
Straßenbahn tram [tram] 28
Streichhölzer fiammiferi [fjam**mi**feri] 71
Strickwaren maglieria [malje**ri**a] 67
Strümpfe calze [**kal**ze] 67
Strumpfhose calzamaglia [kalza**ma**lja] 67
Stück pezzo [**pe**zzo] 20
Stuhl sedia [**se**dja]
Stunde ora [**o**ra] 19
Sturm tempesta [tem**pes**ta] 20, 55
Süden sud [sud]; meridione [meri**djo**ne] 22
Süßwaren dolciumi [dol**tschu**mi]
Summe somma [**som**ma] 43

Supermarkt supermercato [supermer**ka**to] 61
Swimmingpool piscina [pi**schi**na] 33, 53
Synthetik sintetico [sin**te**tiko] 66

T

Tabak tabacco [ta**ba**kko] 71
Tabakladen tabaccheria [tabakke**ri**a] 71
Tabletten pastiglie [pa**sti**lje] 73, 76
Tag giorno [**dschor**no] 12, 15, 19
Tageskarte carta del giorno [**kar**ta del **dschor**no] 28
Tampons tamponi [tam**po**ni] 71
Tankstelle distributore [distribu**to**re] 24
Tante zia [**zi**a] 13
tanzen ballare [bal**la**re] 58
Tasse tazza [**ta**zza] 43
Teil parte [**par**te]
Telefax telefax [tele**fax**] 35, 82
Telefon telefono [te**lä**fono] 82
Telefonbuch elenco telefonico [e**len**ko tele**fo**niko] 82
Telegramm telegramma [tele**gra**mma] 81
Teller piatto [**pja**tto] 43
Temperatur temperatura [tempera**tu**ra] 20, 73
teuer caro/-a [**ka**ro/-a]
Theater teatro [te**a**tro] 57
Ticket biglietto [bil**je**tto] 28, 29, 57
tief profondo/-a [pro**fon**do/-a]
Tier animale [ani**ma**le] 35
Tisch tavolo [**ta**wolo] 40
Tochter figlia [**fi**lja] 13
Toilette gabinetto [gabi**ne**tto] 39
Toilettenpapier carta igienica [**kar**ta i**dsche**nika] 39, 71
Topf pentola [**pen**tola] 39
Tourist(in) turista [tu**ri**sta] 21, 49
Tragflächenboot aliscafo [ali**ska**fo] 31
traurig triste [**tri**ste]
Treppe scala [**ska**la] 38
treu fedele [fe**de**le]
Trinkgeld mancia [**man**tscha] 43, 83
Trinkwasser acqua potabile [**ak**wa po**ta**bile] 29, 39, 48
Trödler rigattiere [riga**ttje**re] 61, 68
T-Shirt T-Shirt [**ti**schört] 65
Tür porta [**por**ta]
Tunnel tunnel [**tu**nnel] 23
Turm torre [**to**rre] 51
Turnschuhe scarpe da ginnastica [**skar**pe da dsch**inna**stika] 67

U

U-Bahn metropolitana [metropoli**ta**na] 28
Übelkeit nausea [**na**usea] 72
Überraschung sorpresa [sor**pre**sa]
Ufer riva [**ri**wa] 53
Uhr orologio [oro**lo**dscho] 66, 79
Uhrmacher orologiaio [orolo**dscha**jo] 66
Uhrzeit orario [o**ra**rjo] 18
Umleitung deviazione [dewia**zjo**ne] 23
umsonst gratuitamente [gratuita**men**te]
Umwelt ambiente [am**bjen**te] 54
Umweltschutz protezione ecologica [prote**zjo**ne eko**lo**dschika] 54
Unfall incidente [intschi**den**te] 25, 79, 80
Unglück disgrazia [dis**gra**zia] 25, 80
unglücklich infelice [infe**li**tsche]
ungültig non valido/-a [non **wa**lido/-a]
Unkosten spese [**spe**se]
unmöglich impossibile [impo**ssi**bile]
unruhig irrequieto/-a [irre**kwje**to/-a]
unschuldig innocente [inno**tschen**te]
Unterführung sottopassaggio [sottopa**ssa**dscho] 23
Unterhaltung trattenimento [tratteni**men**to] 57
Unterhemd maglia [**ma**lja] 67
Unterhose mutande [mu**tan**de] 67
Unterkunft alloggio [al**lo**dscho] 32
Unterschied differenza [diffe**ren**za]
Unterschrift firma [**fir**ma] 21, 78
Untersuchung esame [e**sa**me] 72, 79
Unterwäsche biancheria intima [bjanke**ri**a **in**tima] 65
unverschämt impertinente [imperti**nen**te]
Urlaub vacanze [wa**kan**ze]
Ursache causa [**ka**usa]; motivo [mo**ti**wo]
Urteil giudizio [dschu**di**zjo]
Urwald foresta [fo**re**sta] 54

V

Vater padre [padre] 13
Verabredung appuntamento [appuntamento] 14
Veranstaltung(skalender) (calendario delle) manifestazioni [(kalendario delle) manifestazjoni] 49
Verbindung collegamento [kollegamento] 28, 30
Vergangenheit passato [passato]
Vergewaltigung stupro [stupro] 79
verheiratet sposato/-a [sposato/-a] 14, 15
Verhütungsmittel anticoncezionali [antikontschezjonali] 72, 76
Verkauf vendita [wendita] 61
Verkehr traffico [traffiko] 23
verletzt ferito/-a [ferito/-a] 25, 72
verschieden diverso/-a [diwerso/-a]
versehentlich per sbaglio [per sbaljo]
Versicherung assicurazione [assikurazjone] 22
verstehen capire [kapire]
Vertrag contratto [kontratto]
Verwandter parente [parente] 13
Verwechslung equivoco [ekwiwoko]
Verzeihung! Scusi tanto! [skusi tanto] 13
Video(kassette) (cassette) video [(kassette) wideo] 67
viel molto [molto]
Visum visto [wisto] 21
Volk popolo [popolo]
voll pieno/-a [pjeno/-a]
Vollpension pensione completa [pensjone kompleta] 33
Vormittag mattina [mattina] 19
Vorspeise antipasto [antipasto] 44
Vorstellung presentazione [presentazjone] 12, 57
Vorverkauf prevendita [prewendita] 57
Vorwahl prefisso [prefisso] 82

W

Währung valuta [waluta] 78
Wäscherei lavanderia [lawanderia] 66
wahr vero/-a [wero/-a]
Wald bosco [bosko] 51, 54
warm caldo/-a [kaldo/-a]
Wartezimmer sala di attesa [sala di attesa] 72
Waschlotion lozione detergente [lozjone deterdschente] 71
Waschmittel detergente [deterdschente] 71
Wasser acqua [akwa] 36, 39, 48
Watte ovatta [owatta] 71
Wattestäbchen bastoncini di ovatta [bastontschini di owatta] 71
Wechselstube cabina [kabina] 78
Wecker sveglia [swelja] 66
Weg strada [strada] 22
Wegweiser indicatore stradale [indikatore stradale] 22
weich morbido/-a [morbido/-a]
weit lontano/-a [lontano/-a]
Welle onda [onda] 55
Welt mondo [mondo]
wenig poco [poko]
Werkstatt officina [offitschina] 25, 27
Wert valore [walore]
Weste gilè [dschilä] 67
Westen ovest [owest] 22
Wetter tempo [tempo] 20
Wettervorhersage previsioni del tempo [prewisjoni del tempo] 20, 82
wichtig importante [importante]
Wildleder camoscio [kamoscho] 65, 68
Willkommen! Benvenuto! [benwenuto]
Wind vento [wento] 20
Windeln pannolini [pannolini] 71
Winter inverno [inwerno] 18
Wirt oste [oste] 40
Woche settimana [settimana] 18, 19
Wohnmobil camper [kamper] 22, 36
Wohnsitz domicilio [domitschiljo] 13
Wohnung appartamento [appartamento] 35
Wohnwagen roulotte [rulott] 22, 36
Wolle lana [lana] 66
Wort parola [parola]
wütend furioso/-a [furioso/-a]

Z

Zahl numero [numero]
Zahnarzt dentista [dentista] 74
Zahnbürste spazzolino [spazzolino] 71
Zahnpasta dentifricio [dentifritscho] 71
Zeit tempo [tempo] 18, 19
Zeitschrift rivista [riwista] 65
Zeitung giornale [dschornale] 65

Zentimeter centimetro [tschen**ti**metro] 19
Zentrum centro [**tschen**tro] 22
zerbrechlich fragile [**fra**dschile]
Zeuge testimone [testi**mo**ne] 25, 79
Ziel meta [**mä**ta] 54
Zigarette sigarette [siga**ret**te] 71
Zimmer camera [**ka**mera] 32
Zoll dogana [do**ga**na] 21
zufrieden soddisfatto/-a [soddis**fa**tto/-a]
Zug treno [**tre**no] 29
zurück indietro [in**dje**tro]
zusammen insieme [in**sje**me]
Zuschlag *(im Zug)* supplemento [suple**men**to] 29
zuständig responsabile [respon**sa**bile]
zuviel troppo [**tro**ppo]
Zweifel dubbio [**du**bbjo]
Zwischenlandung scalo [**ska**lo] 30

Reisewörterbuch Italienisch–Deutsch

A

acqua (non) potabile (Kein) Trinkwasser!
aeroporto Flughafen
albergo Hotel
ambulanza Krankenwagen
annuncio Anzeige
arrivo Ankunft
Attenzione! Achtung!
autogrill Autobahnraststätte
autostrada Autobahn

B

banca Bank
barbiere Herrenfriseur
Benvenuti! Willkommen!
benzina Benzin
biblioteca Bücherei
biglietteria Fahrkartenschalter
binario Gleis

C

cabina Kabine
cabina telefonica Telefonzelle
calzolaio Schuhmacher
cambio Geldwechsel
camping Camping
casello autostradale Mautstelle
cassa Kasse
centro Zentrum
chiuso geschlossen
cimitero Friedhof
cinema Kino
coda Stau
cognome Familienname
cuccetta Liegewagen

D

deviazione Umleitung
distributore Tankstelle
divieto di sorpasso Überholverbot!
divieto di transito Durchfahrt verboten!
donne Damen(toilette)

E

edicola Kiosk
entrata libera Eintritt frei

F

fabbrica Fabrik
famiglia Familie
fare la fila sich anstellen
farmacia Apotheke
fatto a mano handgemacht
fermata Haltestelle
fermo posta postlagernd
festivo Feiertag
freno di emergenza Notbremse
frontiera Grenze
frutta e verdura Obst und Gemüse
fumatori Raucher

G
gas Gas
giornali Zeitungen
giorni feriali Werktage
girare abbiegen

I
importante wichtig
imposta di valore aggiunto (IVA) Mehrwertsteuer
informazioni Auskunft

L
lago See
lettera Brief
libero frei
libreria Buchhandlung
listino prezzi Preisliste

M
macelleria Metzgerei
meccanico Mechaniker
metropolitana U-Bahn
mostra Ausstellung

N
nave Schiff
nome Name
non fumatori Nichtraucher

O
offerta speciale Sonderangebot
ospedale Krankenhaus
ottico Optiker

P
pacco Paket
panetteria Bäckerei
parcheggio Parkplatz
parrucchiere Friseur
partenza Abfahrt
pedaggio Autobahngebühr
pericolo di morte Lebensgefahr!
pericoloso Gefährlich!
pittura fresca Frisch gestrichen!
polizia Polizei
porto Hafen
premere drücken
prenotazione Reservierung
prevendita Vorverkauf
programma Programm

R
ricevuta fiscale Rechnung (auch Steuerbeleg)
riduzione Ermäßigung
rifiuti Abfälle
ritardo Verspätung

S
sala d'attesa Wartesaal
salumeria Wurstwarengeschäft
scontrino (Kassen-)Bon
senso unico Einbahnstraße
senza piombo bleifrei
signori Herren
società Gesellschaft
spettacolo Vorstellung
sposato/-a verheiratet
spremuta Fruchtsaft
supermercato Supermarkt

T
tabacchi Tabakwaren
teatro Theater
teatro comunale Stadttheater
tirare ziehen
trattoria Gastwirtschaft
tutto compreso alles inbegriffen

U
ufficio Büro
ufficio postale Postamt
urgente dringend
uscita Ausfahrt, Ausgang

V
via Straße
vietato fumare Rauchen verboten!

Bildnachweis

Alle Fotos Veit Haak außer APA Publications/Frances Gransden: 81; Rainer Hackenberg: 17, 25 (re.), 40, Umschlag (Vorder- u. Rückseite); Herbert Hartmann: 37; Gerold Jung: 32, 53, 65 (re.); Markus Kirchgeßner: 61, 72; Daniele Messina: 77; Superbild Erich Bach/Bernd Ducke: Umschlag (Flagge).